**교과서가 쉬워지는
초등 논술 신문**

한 그루의 나무가 모여 푸른 숲을 이루듯이
청림의 책들은 삶을 풍요롭게 합니다.

뉴톡 시리즈 2

교과서가 쉬워지는 초등 논술 신문

배혜림 지음

청림Life

> 프롤로그

이 책을 펼친 여러분, 진심으로 환영해요!

우리는 매일매일 다양한 정보를 접하며 살아가요. 신문 기사, TV 뉴스의 보도, 친구들이나 가족의 이야기까지, 세상은 여러분에게 많은 이야기를 들려주고 있지요.

특히 신문은 단순히 정보를 전달하는 것을 넘어서 세상을 이해하는 중요한 창구예요. 신문 기사를 통해 우리는 사회의 다양한 문제와 사건을 접하고, 이를 통해 생각을 정리하고 표현하는 방법을 배울 수 있거든요. 이러한 과정은 여러분이 보다 넓은 시각을 갖고 비판적으로 사고하는 능력을 기르는 데 큰 도움이 될 거예요.

그래서 저는 다른 선생님들과 함께 여러분이 쉽게 읽고, 즐겁게 배우며, 문해력을 키울 수 있는 신문 읽기 시리즈를 만들기로 했어요.

『교과서가 쉬워지는 초등 논술 신문』은 여러분이 교과서에서 배우는 내용과 신문 기사를 연결해, 더 깊이 있고 재미있게 배울 수 있도록 도와주는 책이에요. 이 책은 여러분이 독서의 즐거움을 느끼고, 다양한 주제를 통해 생각의 폭을 넓히는 것을 돕기 위해 마련되었어요. 이 책에는 몇 가지의 비밀이 숨어 있어요.

첫째, 이 책은 신문 기사, 교과서, 내용 확장의 3단계가 한 세트로 이루어져 있어요. 세심하게 고른 35가지의 신문 기사를 통해 실제 사건을 접한 뒤, 이를 이해하기 위한 다양한 활동을 해 볼 거예요. 다음으로 교과서의 내용을 재미있게 풀어서 연계해 놓았어요. 이미 배운 학년의 것이라면 복습하는 기분으로, 아직 배우지 않은 학년의 것이라면 예습하는 기분으로 글을 읽고 문제를 풀어 보세요. 그다음 내용 확장을 통해서, 교과에 대한 지식의 깊이를 더하고, 스스로 생각하고 판단하는 힘을 기를 수 있어요.

둘째, 여러분의 흥미를 위해 다양한 사진과 그림 자료를 담았어요. 어떻게 하면 여러분이 지루하지 않게 이 책을 즐길 수 있을까를 열심히 고민한 끝에 나온 결과예요.

셋째, 전문적인 기사의 내용을 담았기 때문에, 진짜 신문을 읽는 기분으로 읽을 수 있어요. 가능한 최신의 뉴스를 통해 우리를 둘러싼 법, 정치, 경제, 문화, 생활, 지리 등의 영역이 어떻게 바뀌고 있는지 생생히 알 수 있어요.

마지막으로, 이 책을 읽는 동안 여러분이 느끼고 배우는 모든 것들이 단순한 지식에 그치지 않기를 바라는 마음을 가득 담았답니다!

여러분이 읽는 모든 글, 보는 모든 뉴스가 교과서의 내용과 연결되어 있다는 것을 알고, 교과서의 내용과 우리의 삶을 연결해서 보면 좋겠어요. 더 나아가 여러분의 삶에 긍정적인 변화를 가져온다면 더욱 좋겠죠.

이제 여러분의 눈과 마음을 열고, 『교과서가 쉬워지는 초등 논술 신문』의 세계로 들어가 볼까요? 우리 함께 즐겁고 유익한 여정을 시작해 보아요!

프롤로그			004
이 책의 활용법			010

신기한 뉴스		우당탕 교과서	
1 잭 웰치 이야기, 공정한 대우를 향한 고민	014	축구공 이면의 이야기를 들어볼래?	016
2 프랑스, 패스트 패션에 환경 부담금 부과	020	1차 탐사대가 보낸 지구 분석 보고서	022
3 농촌 유학 왔어요!	026	촌락과 도시에 대해 알아볼까?	028
4 노래와 춤으로 경제를 활성화한다고?	032	꾸준히 발전한 한국 경제 이야기	034
5 토종 씨앗으로 식량 주권 지킨다	038	희소성과 현명한 소비	040
6 '불의 고리', 우리도 안전하지 않네	044	태풍의 고백, "피해 주고 싶지 않아"	046
7 '알테쉬'가 뭐예요?	050	세계 여행을 떠나고 싶은 미나	052
8 주민 스스로 지역 문제를 해결한다	056	동네 해결사 재혁이의 일기	058
9 똑똑한 농사, 스마트팜	062	우리 동네는 어떤 모습으로 살고 있을까?	064

차례

신기한 뉴스 | 우당탕 교과서

10	역대 최저 출산율, 인구가 소멸할지도 몰라	068	우리 반 인원은 63명	070
11	일본 관광객 1위, 한국 관광객 1위	074	비슷한데, 다른 것도 많아서 좋아	076
12	독도는 우리 땅	080	우리나라는 어디쯤에 있지?	082
13	아빠의 육아 휴직 시대	086	집안일, 어떻게 나눌까?	088
14	경복궁 담장 지킨 과학자들	092	문화 발전을 이끈 세종대왕을 만나다	094
15	러시아와 우크라이나의 전쟁	098	2차 탐사대가 보낸 지구 분석 보고서	100
16	'나혼산 족'이 점점 늘어나고 있어	104	가족의 형태에 대한 현우의 일기	106
17	식민지 시대 사람들은 어떻게 살았을까	110	어린이 기자단, 답사를 떠나다	112
18	부당 해고 판결에 승소한 노동자들	116	법원은 무슨 일을 할까?	118

	신기한 뉴스		우당탕 교과서	
19	지루할 틈이 없다! 1년 내내 한강 축제	122	우리 고장의 숨은 보물 찾기	124
20	강원도 고랭지 최고의 맛을 찾아	128	미나의 꿈같은 맛있는 여행	130
21	재난 문자 오발송 사건	134	전화기의 아버지, 그레이엄 벨을 만나다	136
22	「광야」시인 이육사 순국 80주년, 중국에서 추모제 열려	140	일제 강점기에 민족 운동을?	142
23	강원특별자치도를 축하합니다	146	우리 동네 문화유산 지키기 대작전	148
24	세계에서 가장 살기 좋은 도시	152	세계 여러 나라들의 독특한 모습들	154
25	확대되는 전기차 시장	158	재윤이의 미래 일기	160
26	다문화 캠페인에 참여해 볼까?	164	추운 겨울 보내는 연우의 편지	166
27	중국에서는 구글 금지	170	흥선 대원군의 정책을 살펴볼래?	172

	신기한 뉴스		우당탕 교과서	
28	전통 세시풍속이 사라지고 있다	176	추석 풍경이 달라졌어요	178
29	하얀 석유 리튬, 국내 첫 개발 가능성	182	바나나의 원산지는 어디일까?	184
30	전국 초등학교 주변 안전 점검 결과	188	법은 왜 지켜야 하나요?	190
31	새로운 공공기관 유치는 어디로?	194	우리 지역의 공공기관을 찾아봐	196
32	백제 시대 봉축이 발굴되었어	200	고구려, 백제, 신라의 자랑 대회	202
33	주택 공급과 그린벨트 해제	206	우리 동네에서 가장 즐거운 공원	208
34	나는 붕세권에 살아	212	길을 잃어버릴 때 필요한 것	214
35	80년대를 배경으로 한 영화들의 반란	218	5·18 민주화 운동 이야기	220

정답 224

이 책의 활용법

1단계   최신 뉴스 읽고 정리하기

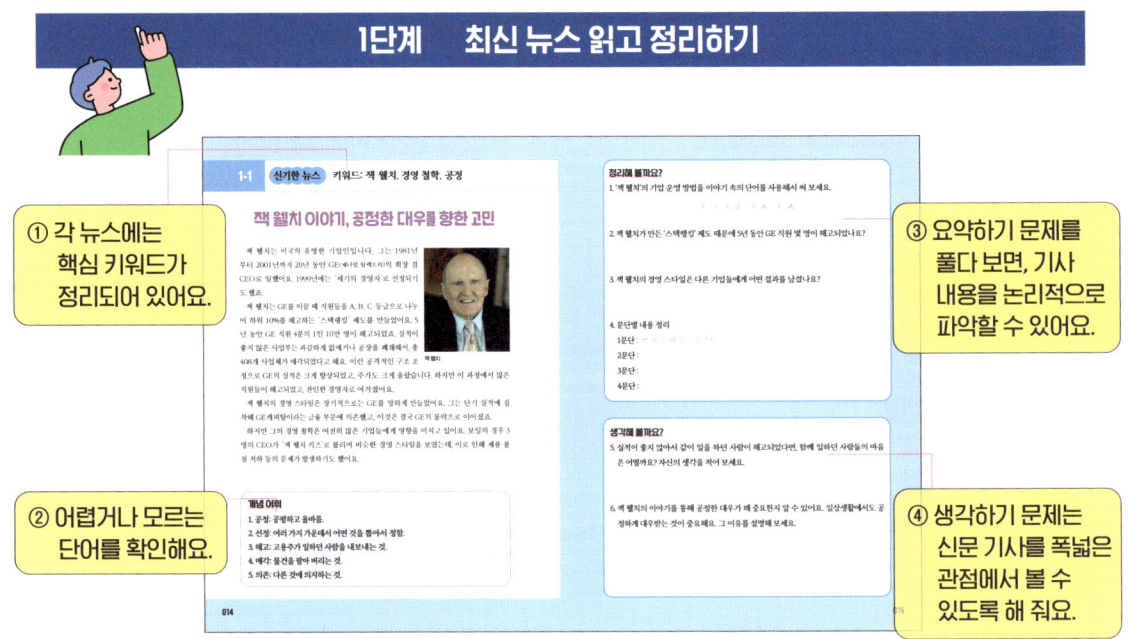

① 각 뉴스에는 핵심 키워드가 정리되어 있어요.

② 어렵거나 모르는 단어를 확인해요.

③ 요약하기 문제를 풀다 보면, 기사 내용을 논리적으로 파악할 수 있어요.

④ 생각하기 문제는 신문 기사를 폭넓은 관점에서 볼 수 있도록 해 줘요.

2단계   뉴스와 연계된 교과 내용 이해하기

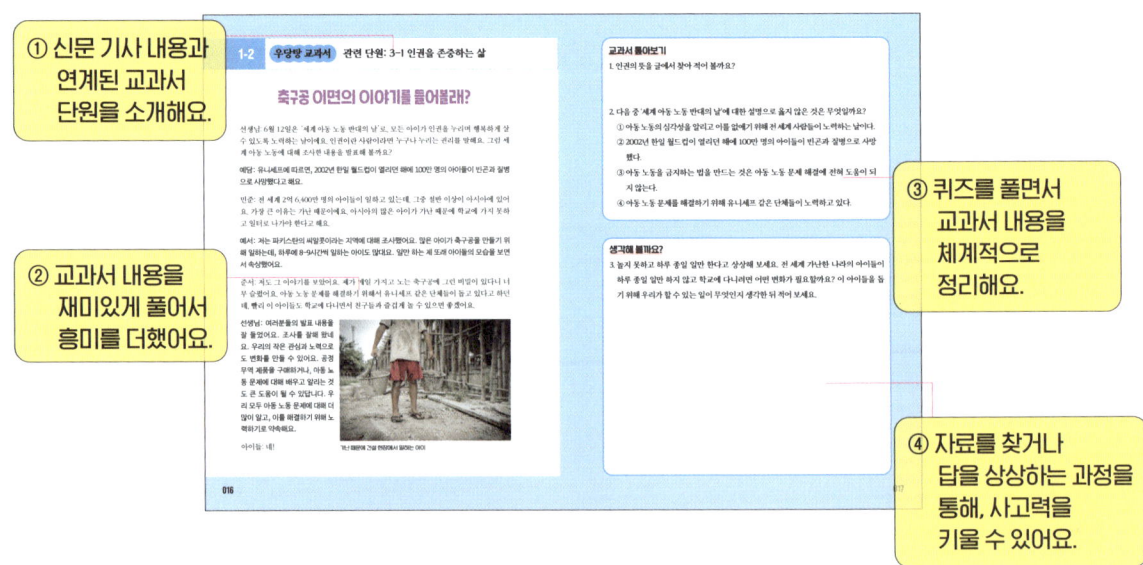

① 신문 기사 내용과 연계된 교과서 단원을 소개해요.

② 교과서 내용을 재미있게 풀어서 흥미를 더했어요.

③ 퀴즈를 풀면서 교과서 내용을 체계적으로 정리해요.

④ 자료를 찾거나 답을 상상하는 과정을 통해, 사고력을 키울 수 있어요.

3단계 배경 지식 넓히기 또는 어휘 익히고 활용하기

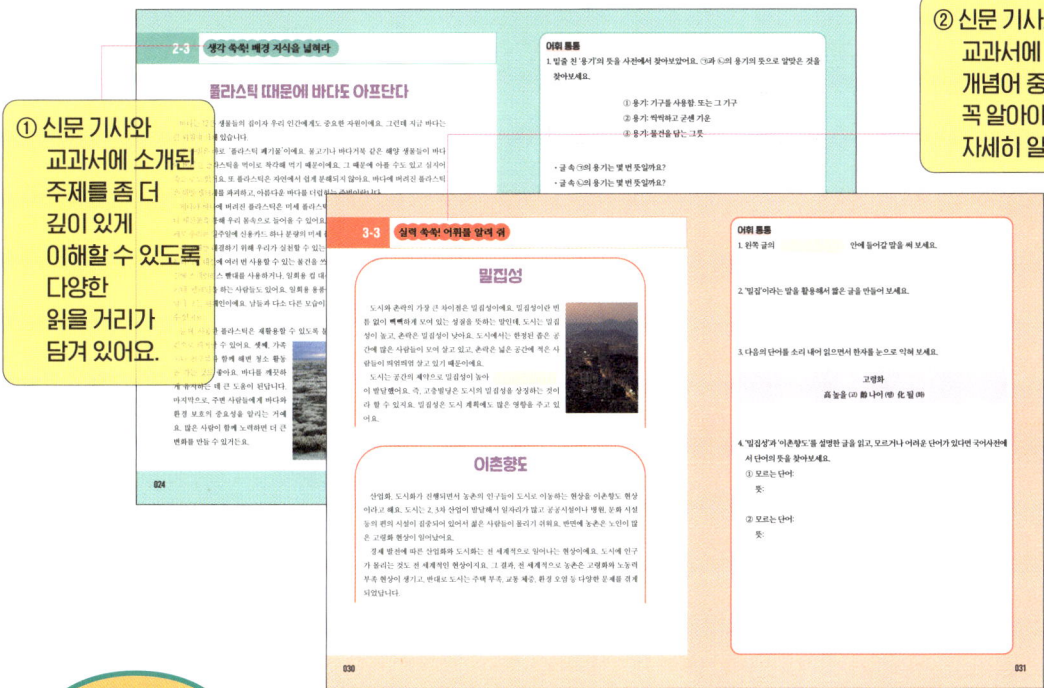

① 신문 기사와 교과서에 소개된 주제를 좀 더 깊이 있게 이해할 수 있도록 다양한 읽을 거리가 담겨 있어요.

② 신문 기사와 교과서에 나오는 개념어 중에서 꼭 알아야 할 단어를 자세히 알려 줘요.

TIP 정답은 어떻게 확인하나요?

이 책의 맨 뒤에는 모든 퀴즈의 답이 적혀 있어요. 특히 자신의 생각을 적어 보는 〈생각해 볼까요?〉 문제에도 예시 답변을 정리해서 누구나 참고할 수 있도록 했지요. 생각해 보는 일이 서툰 어린이 친구들은 자신의 생각을 먼저 적어 본 뒤, 예시 답변과 비교하며 사고력을 높이는 연습을 해 보세요. 부모님이나 주변 어른의 도움을 받아도 좋아요!

TIP 여기서 잠깐!

이 책에 실린 대화, 인터뷰, 편지 등의 내용은 어린이 여러분이 좀 더 쉽고 재미있게 내용을 이해할 수 있도록 가상으로 재구성한 거예요! 실제 있었던 일이 아니므로 오해하지 않도록 해요!

1단계
신기한 뉴스

2단계
우당탕 교과서

3단계
실력 쑥쑥! 어휘를 알려 줘
또는
생각 쑥쑥! 배경 지식을 넓혀라

1-1 신기한 뉴스 키워드: 잭 웰치, 경영 철학, 공정

잭 웰치 이야기, 공정한 대우를 향한 고민

잭 웰치는 미국의 유명한 기업인입니다. 그는 1981년부터 2001년까지 20년 동안 GE(제너럴 일렉트릭)의 회장 겸 CEO로 일했어요. 1999년에는 '세기의 경영자'로 선정되기도 했죠.

잭 웰치

잭 웰치는 GE를 이끌 때 직원들을 A, B, C 등급으로 나누어 하위 10%를 해고하는 '스택랭킹' 제도를 만들었어요. 5년 동안 GE 직원 4분의 1인 10만 명이 해고되었죠. 실적이 좋지 않은 사업부는 과감하게 없애거나 공장을 폐쇄해서, 총 408개 사업체가 매각되었다고 해요. 이런 공격적인 구조 조정으로 GE의 실적은 크게 향상되었고, 주가도 크게 올랐습니다. 하지만 이 과정에서 많은 직원들이 해고되었고, 잔인한 경영자로 여겨졌어요.

잭 웰치의 경영 스타일은 장기적으로는 GE를 망하게 만들었어요. 그는 단기 실적에 집착해 GE캐피탈이라는 금융 부문에 의존했고, 이것은 결국 GE의 몰락으로 이어졌죠.

하지만 그의 경영 철학은 여전히 많은 기업들에게 영향을 미치고 있어요. 보잉의 경우 3명의 CEO가 '잭 웰치 키즈'로 불리며 비슷한 경영 스타일을 보였는데, 이로 인해 제품 품질 저하 등의 문제가 발생하기도 했어요.

개념 어휘
1. 공정: 공평하고 올바름.
2. 선정: 여러 가지 가운데서 어떤 것을 뽑아서 정함.
3. 해고: 고용주가 일하던 사람을 내보내는 것.
4. 매각: 물건을 팔아 버리는 것.
5. 의존: 다른 것에 의지하는 것.

정리해 볼까요?

1. '잭 웰치'의 기업 운영 방법을 이야기 속의 단어를 사용해서 써 보세요.

ㄱㄱㅈㅇ ㄱㅈ ㅈㅈ

2. 잭 웰치가 만든 '스택랭킹' 제도 때문에 5년 동안 GE 직원 몇 명이 해고되었나요?

3. 잭 웰치의 경영 스타일은 다른 기업들에게 어떤 결과를 남겼나요?

4. 문단별 내용 정리
   1문단: 잭 웰치, 세기의 경영자
   2문단:
   3문단:
   4문단:

생각해 볼까요?

5. 실적이 좋지 않아서 같이 일을 하던 사람이 해고되었다면, 함께 일하던 사람들의 마음은 어떨까요? 자신의 생각을 적어 보세요.

6. 잭 웰치의 이야기를 통해 공정한 대우가 왜 중요한지 알 수 있어요. 일상생활에서도 공정하게 대우받는 것이 중요해요. 그 이유를 설명해 보세요.

1-2 우당탕 교과서 관련 단원: 3-1 인권을 존중하는 삶

축구공 이면의 이야기를 들어볼래?

선생님: 6월 12일은 '세계 아동 노동 반대의 날'로, 모든 아이가 인권을 누리며 행복하게 살 수 있도록 노력하는 날이에요. 인권이란 사람이라면 누구나 누리는 권리를 말해요. 그럼 세계 아동 노동에 대해 조사한 내용을 발표해 볼까요?

예담: 유니세프에 따르면, 2002년 한일 월드컵이 열리던 해에 100만 명의 아이들이 빈곤과 질병으로 사망했다고 해요.

민준: 전 세계 2억 6,400만 명의 아이들이 일하고 있는데, 그중 절반 이상이 아시아에 있어요. 가장 큰 이유는 가난 때문이에요. 아시아의 많은 아이가 가난 때문에 학교에 가지 못하고 일터로 나가야 한다고 해요.

예서: 저는 파키스탄의 씨알콧이라는 지역에 대해 조사했어요. 많은 아이가 축구공을 만들기 위해 일하는데, 하루에 8~9시간씩 일하는 아이도 많대요. 일만 하는 제 또래 아이들의 모습을 보면서 속상했어요.

준서: 저도 그 이야기를 보았어요. 제가 매일 가지고 노는 축구공에 그런 비밀이 있다니 너무 슬펐어요. 아동 노동 문제를 해결하기 위해서 유니세프 같은 단체들이 돕고 있다고 하던데, 빨리 이 아이들도 학교에 다니면서 친구들과 즐겁게 놀 수 있으면 좋겠어요.

선생님: 여러분들의 발표 내용을 잘 들었어요. 조사를 잘해 왔네요. 우리의 작은 관심과 노력으로도 변화를 만들 수 있어요. 공정 무역 제품을 구매하거나, 아동 노동 문제에 대해 배우고 알리는 것도 큰 도움이 될 수 있답니다. 우리 모두 아동 노동 문제에 대해 더 많이 알고, 이를 해결하기 위해 노력하기로 약속해요.

아이들: 네!

가난 때문에 건설 현장에서 일하는 아이

교과서 톺아보기

1. 인권의 뜻을 글에서 찾아 적어 볼까요?

2. 다음 중 '세계 아동 노동 반대의 날'에 대한 설명으로 옳지 않은 것은 무엇일까요?
    ① 아동 노동의 심각성을 알리고 이를 없애기 위해 전 세계 사람들이 노력하는 날이다.
    ② 2002년 한일 월드컵이 열리던 해에 100만 명의 아이들이 빈곤과 질병으로 사망했다.
    ③ 아동 노동을 금지하는 법을 만드는 것은 아동 노동 문제 해결에 전혀 도움이 되지 않는다.
    ④ 아동 노동 문제를 해결하기 위해 유니세프 같은 단체들이 노력하고 있다.

생각해 볼까요?

3. 놀지 못하고 하루 종일 일만 한다고 상상해 보세요. 전 세계 가난한 나라의 아이들이 하루 종일 일만 하지 않고 학교에 다니려면 어떤 변화가 필요할까요? 이 아이들을 돕기 위해 우리가 할 수 있는 일이 무엇인지 생각한 뒤 적어 보세요.

1-3 실력 쑥쑥! 어휘를 알려 줘

권리와 의무: 우리 삶의 중요한 두 축

권리

권리는 어떤 일을 하거나 다른 사람들을 대할 때 마땅히 요구할 수 있는 힘이나 자격을 말해요. '권리를 누리다', '권리가 있다', '권리를 침해하다' 등과 같이 사용해요.

- 개인의 권리: 우리는 친구들과 놀 권리, 학교에 다닐 권리, 안전하게 살 권리 등이 있어요. 이런 권리는 우리 삶을 행복하고 안전하게 만들어요.
- 헌법상의 권리: 국민의 권리는 헌법으로 보호되며, 기본권 중에는 평등권, 자유권, 사회권, 청구권, 참정권 등이 있어요.

의무

우리가 지켜야 할 책임을 말해요. '의무가 있다', '의무를 지니다', '의무를 수행하다' 등과 같이 사용해요.

- 사회적 책임: 학교 숙제를 제시간에 하는 것, 교통 신호를 지키는 것, 주변 사람들을 존중하는 것 등의 의무가 있어요. 의무를 잘 지키면 우리 사회가 더 좋아져요.
- 헌법상의 의무: 국민의 의무도 헌법에 나와 있어요. 국민은 법률이 정하는 바에 따라 국가에 대한 의무를 져야 해요. 이는 우리가 사회 구성원으로서 지켜야 할 기본적인 책임이에요.

대한민국 최초의 제헌 헌법서

어휘 통통

1. 다음 중 '권리'에 해당하는 것을 찾아 모두 ◯ 하세요.

| 할인권 | 입장권 | 사회권 |

| 청구권 | 참정권 | 승선권 |

2. 다음 낱말 중 '권리-의무'의 관계와 가장 비슷한 것을 찾아보세요.
   ① 도서관-서점
   ② 문제-해결
   ③ 남자-소년
   ④ 개발-계발

3. 옆의 글을 한 문장으로 정리해 보았어요. 빈칸에 들어갈 말을 써 보세요.

    (   )와 (   )는 서로를 보완하고 강화하여
          우리 삶을 더욱 풍요롭고 의미 있게 만드는 관계입니다.

4. '사회 구성원'이라는 단어를 사전에서 찾아보았어요. 이 단어를 활용해서 짧은 글을 써 보세요.

> 사회: 같은 무리끼리 모여 이루는 집단
> 구성원: 어떤 조직이나 단체를 이루고 있는 사람

2-1 신기한 뉴스 키워드: 패스트 패션, 환경 부담금

프랑스, 패스트 패션에 환경 부담금 부과

해마다 버려지는 옷들이 얼마나 되는지 아시나요? 2024년 3월 14일 프랑스는 환경에 미치는 부정적인 영향을 줄이기 위해 패스트 패션 산업에 새로운 규제를 도입했어요.

먼저 2025년부터는 패스트 패션 브랜드가 판매하는 의류 제품에 한 벌당 5유로의 환경 부담금이 부과된다고 해요. 이 금액은 2030년까지 10유로로 증가할 예정입니다. 또한 패스트 패션 브랜드의 상업 광고가 금지된다고 해요.

전 세계적으로 늘어나고 있는 패스트 패션 반대 운동

이 법안들은 패스트 패션 제품의 재사용, 수리, 재활용 및 환경적 영향에 대한 정보를 제공해서, 소비자들의 환경에 대한 인식을 높이는 것을 목표로 하고 있어요. 환경 부담금을 통해 모인 자금은 환경 친화적인 방식으로 의류를 생산하는 브랜드를 지원하는 데 사용될 예정이에요. 이는 패스트 패션 산업이 환경에 끼치는 악영향을 줄이고 지속 가능한 패션 소비 문화를 조성하는 데 기여할 것으로 기대됩니다.

이 법안은 프랑스 하원에서 만장일치로 통과되었으며, 상원에서도 통과되면 2025년부터 시행될 예정이라고 해요. 프랑스의 이러한 조치는 패스트 패션 산업에 대한 새로운 규제를 도입한다는 선례를 마련해서, 전 세계적으로 환경 보호와 지속 가능한 소비문화 조성에 중요한 역할을 할 거예요.

개념 어휘
1. 부과: 세금이나 부담금 따위를 매겨서 부담하게 함.
2. 영향: 어떤 사물의 효과나 작용이 다른 것에 미치는 것.
3. 인식: 사물을 분별하고 판단하여 아는 것.
4. 친화적: 서로 뜻이 맞거나 사이좋게 지내는 것.
5. 선례: 판결에 나타난 원칙을 그 후의 판결에서 따라 함.

정리해 볼까요?

1. 패스트 패션에 환경 부담금을 부과하기로 한 나라는 어디인가요?

2. 2025년부터 패스트 패션에 도입하는 새로운 규제 2가지는 무엇인가요?

3. 글을 읽고 빈칸에 들어갈 말을 써 보세요.

　　　프랑스의 환경 부담금 법안은 (　　　　　　　　)보호와 지속 가능한
　　　패션 (　　　　　　　　) 문화 조성에 중요한 역할을 할 거예요.

4. 문단별 내용 정리
　　1문단 : 패스트 패션 산업에 규제를 도입한 프랑스
　　2문단 :
　　3문단 :
　　4문단 :

생각해 볼까요?

5. 프랑스의 패스트 패션 규제 법안은 어떻게 만들어졌나요? 또 이 규제 법안이 세계의 패션 문화에 어떤 역할을 할 수 있을지 생각해 보세요.

2-2 우당탕 교과서 관련 단원: 6-2 지속 가능한 지구촌

1차 탐사대가 보낸 지구 분석 보고서

지구라는 행성을 발견하고 탐사하기 위해 선발대를 파견한 결과, 지구의 환경 상황을 다음과 같이 보고합니다. 지구와의 교류 여부를 판단할 자료가 되기를 바랍니다.

I. 현재 문제점

1. **공기 오염** 공장과 자동차에서 나오는 매연으로 인해 대기 오염 심각
2. **열대림 파괴** 경제 개발을 이유로 열대림의 나무를 무분별하게 벌목 | 동물과 식물의 서식지가 사라지고, 사막화 현상 가속
3. **지구 온난화** 화석 연료의 과도한 사용으로 지구 온도 상승 | 바닷물 온도가 높아져 산호와 같은 해양 생물들이 죽어 가고 있음
4. **해양 오염** 바다에 쓰레기가 너무 많이 쌓여 해양 생태계 파괴
5. **패스트 패션 문제** 버려진 옷들 대부분 플라스틱 섬유라 오랜 시간 분해되지 않아 해양 생물들에게 해를 끼침

II. 변화 가능성

1. **국제 협력** 세계 각국은 '파리 협정'을 통해 온실가스 감축에 힘쓰는 듯 보임 | '세계 차 없는 날' 캠페인을 통해 대중교통 이용을 독려하고 있음
2. **법과 제도 마련** '에너지 소비 효율 등급 표시제' 등 다양한 법과 제도 마련
3. **기업 및 개인의 노력** 재활용 용기 사용, 친환경 소재 개발 등 환경 문제 해결에 동참 | 쓰레기 분리수거, 대중교통 이용, 적정 실내 온도 유지, 옷 아껴 입기 등

III. 결론

지구는 현재 여러 환경 문제를 겪고 있지만, 이를 해결하기 위한 다양한 노력도 이루어지고 있음. 따라서 지구와 교류할 가치가 있을 것으로 판단됨.

교과서 톺아보기

1. 지구촌이 겪고 있는 환경 문제와 이 문제를 해결하기 위한 노력에 대해 정리해 보세요.

지구촌이 겪고 있는 환경 문제	대기 오염	공장과 자동차 등에서 배출되는 매연으로 공기가 오염됨
	열대림 파괴	경제 개발을 위해 열대림의 나무를 무분별하게 베어 동물과 식물의 생활 터전이 줄어들고 있음
	( )	이상 기후와 지나친 삼림 훼손으로 사막 주변의 초원 지대가 점점 사막으로 변함
	지구 온난화	화석 연료 사용으로 온실가스 배출량이 늘어나 지구의 평균 기온이 점점 올라감
	해양 쓰레기 문제	사람들이 버린 쓰레기가 바다에 쌓여 바닷물이 오염되고 해양 ( ) 가 파괴됨
	산호 백화 현상	지구가 더워지면서 바닷물의 온도가 계속 상승해 산호가 하얗게 변하며 죽어 감

생각해 볼까요?

2. 나의 생활 습관 중에서 환경을 오염시키는 건 무엇이 있을까요? 어떻게 하면 그것을 줄일 수 있을까요? 내가 할 수 있는 방법을 2가지 써 보세요.

① 환경을 오염시키는 것:

② 줄일 수 있는 방법:

2-3 생각 쑥쑥! 배경 지식을 넓혀라

플라스틱 때문에 바다도 아프단다

바다는 많은 생물들의 집이자 우리 인간에게도 중요한 자원이에요. 그런데 지금 바다는 큰 위험에 처해 있습니다.

그 주범은 바로 '플라스틱 폐기물'이에요. 물고기나 바다거북 같은 해양 생물들이 바다에 버려진 플라스틱을 먹이로 착각해 먹기 때문이에요. 그 때문에 아플 수도 있고 심지어 죽을 수도 있어요. 또 플라스틱은 자연에서 쉽게 분해되지 않아요. 바다에 버려진 플라스틱은 해양 생태계를 파괴하고, 아름다운 바다를 더럽히는 주범이랍니다.

게다가 바다에 버려진 플라스틱은 미세 플라스틱으로 잘게 쪼개져 우리가 먹는 생선이나 해산물을 통해 우리 몸속으로 들어올 수 있어요. 이것은 우리 건강에도 좋지 않아요. 실제로 우리는 일주일에 신용카드 하나 분량의 미세 플라스틱을 먹고 있다고 해요.

이 문제를 해결하기 위해 우리가 실천할 수 있는 몇 가지 방법이 있답니다. 첫째, 일회용 플라스틱 대신에 여러 번 사용할 수 있는 물건을 쓰는 거예요. 예를 들어, 플라스틱 빨대 대신에 스테인리스 빨대를 사용하거나, 일회용 컵 대신에 개인 컵을 사용하는 거죠. 요즘 '용기내' 캠페인을 하는 사람들도 있어요. 일회용 용품이 아니라 집에서 가져간 용기에 음식을 담아 오는 캠페인이에요. 남들과 다소 다른 모습이기에 'ⓐ 용기'를 내야 'ⓑ 용기'를 내밀 수 있어요.

둘째, 사용한 플라스틱은 재활용할 수 있도록 분리수거해요. 재활용을 통해 새로운 물건으로 태어날 수 있어요. 셋째, 가족이나 친구들과 함께 해변 청소 활동을 하는 것도 좋아요. 바다를 깨끗하게 유지하는 데 큰 도움이 된답니다. 마지막으로, 주변 사람들에게 바다와 환경 보호의 중요성을 알리는 거예요. 많은 사람이 함께 노력하면 더 큰 변화를 만들 수 있거든요.

어휘 통통

1. 밑줄 친 '용기'의 뜻을 사전에서 찾아보았어요. ㉠과 ㉡의 용기의 뜻으로 알맞은 것을 찾아보세요.

> ① 용기: 기구를 사용함. 또는 그 기구
> ② 용기: 씩씩하고 굳센 기운
> ③ 용기: 물건을 담는 그릇

- 글 속 ㉠의 용기는 몇 번 뜻일까요?
- 글 속 ㉡의 용기는 몇 번 뜻일까요?

2. 플라스틱을 줄이기 위해 우리가 실천할 수 있는 방법을 글 속에서 찾아보세요.

첫째,
둘째,
셋째,

생각해 볼까요?

3. 패스트 패션과 플라스틱 사용이 우리 지구 환경에 어떻게 영향을 미치는지 조사해 보세요. 그다음 우리가 지구를 지키기 위해 어떤 노력을 할 수 있는지를 찾아 함께 적어 보세요.

3-1 신기한 뉴스 키워드: 농촌 유학, 농촌과 도시

농촌 유학 왔어요!

전라북도에 있는 순창군에 가면 농촌 학교에서 공부하고 살아 보는 특별한 경험을 할 수 있어요. 일명 농촌 유학으로, 학생들의 반응이 좋아서 해마다 농촌 유학을 희망하는 학생들이 증가하고 있다고 합니다.

이에 맞춰 순창군도 도시 유학생들을 위해 모집 시기와 모집 인원을 늘렸어요. 유학생 가족들이 안정적으로 살 수 있도록 거주 시설도 만들고, 특성화 프로그램 운영을 위해 학교별로 최대 1,000만 원까지 교육 경비도 지원합니다.

이러한 순창군의 농촌 유학 프로그램은 도시에서 온 친구들에게 새로운 학습 환경과 생활 경험을 제공해요. 덕택에 순창군은 농촌 유학의 1번지로 떠오르고 있어요.

이 외에도 다양한 농촌 체험 프로그램과 자연환경 체험을 제공하는 강원도 홍천군, 아름다운 자연환경으로 농업과 생태 체험을 할 수 있는 전남 구례군, 농촌 유학뿐 아니라 농촌 체험 활동 프로그램을 운영하는 경북 청송군, 농업뿐 아니라 해양 생태계 체험도 가능한 충남 서천군 등 여러 지자체에서 다양한 농촌 유학 프로그램을 운영하고 있습니다. 새로운 친구들과 함께 즐거운 학교생활을 해 보는 건 어떨까요?

개념 어휘
1. 증가: 양이나 수치가 늚.
2. 안정: 바뀌어 달라지지 아니하고 일정한 상태를 유지하게 되는 것.
3. 거주: 일정한 곳에 머물러 살거나 그런 집.
4. 경비: 국가나 공공 단체가 사업이나 정책을 실현하는 데 지출하는 비용.
5. 제공: 무엇을 내주거나 갖다 바침.

정리해 볼까요?

1. 이 기사는 무엇에 대해 설명한 글인가요?

2. 순창군 농촌 유학 프로그램이 도시에서 온 친구들에게 제공하는 2가지는 무엇인가요?

　　　　　새로운 (　　　　　　　)과 (　　　　　　　)

3. 문단별 내용 정리
　　1문단 : 순창군 농촌 프로그램과 희망 학생 증가
　　2문단 :
　　3문단 :
　　4문단 :

생각해 볼까요?

4. 여러분이 농촌 유학 프로그램에 참여한다면 어떤 프로그램에 참여하고 싶은가요? 어떤 면이 재미있거나 의미 있을 것 같은지 그 이유를 써 보세요.

5. 만약 내가 체험 프로그램을 직접 만든다면 어떤 것이 좋을지 생각해 보세요.

3-2 우당탕 교과서 관련 단원: 4-2 촌락과 도시의 특징

촌락과 도시에 대해 알아볼까?

영우: 안녕하세요, 농촌 유학 중인 분이시군요. 농촌 생활은 좀 어떤가요?

가은: 안녕하세요! 처음에는 낯설었지만, 농촌의 매력에 빠져들고 있어요.

영우: 부러워요. 저도 이렇게 자연과 가까운 곳에서 살면서 힐링하고 싶어요. 농촌의 어떤 점이 좋나요?

가은: 음, 무엇보다 자연과 가까워서 공기가 정말 좋아요. 도시에서는 느끼지 못했던 맑고 깨끗한 공기를 마실 수 있거든요. 조용하고 여유로운 생활도요. 도시에서는 늘 바쁘고 시끄러웠어요.

영우: 확실히 도시에는 일자리와 편의 시설이 많아서 좋지만 너무 바쁘고 시끄러운 편이죠. 농촌 생활은 어렵지 않나요?

가은: 처음에는 일손과 편의 시설이 부족해서 적응이 힘들었어요. 하지만 다들 도와주셔서 점점 익숙해지고 있어요. 특히 밭에서 곡식과 채소를 키우는 방법을 배우면서 농촌 생활의 매력을 느끼고 있어요. 어촌 유학을 간 친구는 바다에서 물고기를 잡는 법을 배우고 있다고 하고, 산지촌에 유학을 간 친구는 산에서 약초와 버섯을 찾는 방법을 배운대요.

영우: 와. 정말 신기한 경험이네요. 저와 친구들은 주로 회사나 공장에서 일하고, 휴일에는 영화관이나 도서관 같은 문화 시설에서 시간을 보내는데요.

가은: 아, 맞아요. 도시에서 쇼핑몰이나 병원이 우리 생활을 편리하게 해 주었는데, 농촌에 오니 그런 것이 부족한 점이 아쉽더라고요.

영우: 네. 도시는 많은 사람들이 모여 사는 곳이라 문화 시설이나 생활이 편리하지요. 그래도 참 부럽습니다.

가은: 네, 언젠가 기회가 되면 꼭 농촌 유학을 해 보세요. 저도 처음에는 낯설었지만, 점점 농촌 생활에 푹 빠져들고 있어요. 자연과 더 가까워지고, 여유로운 생활을 누릴 수 있어 정말 좋아요.

교과서 톺아보기

1. 촌락과 도시의 모습을 비교해서 아래 표를 채워 보세요.

	촌락	도시
뜻	( )과 가까운 곳에서 사람들이 농업, 어업, 임업 같은 일을 하며 살아가는 곳	많은 ( )이 모여 사는 곳으로 회사나 공장에서 일하고 다양한 문화 시설을 즐길 수 있는 곳
특징	- 농촌: 밭에서 ( )이나 채소를 키움 - 어촌: 바다에서 ( )를 잡음 - 산지촌: 산에서 ( )나 버섯을 찾음	- 주로 ( )나 공장에서 일함 - 휴일에는 영화관이나 도서관 같은 ( )에서 즐거운 시간을 보냄 - 쇼핑몰이나 병원 등이 생활을 편리하게 해줌
장점	자연과 가까워서 공기가 맑고 조용함	많은 일자리와 편의 시설이 있음
단점	일손이나 편의 시설이 부족함	바쁘고 시끄러움

생각해 볼까요?

2. 다음과 같은 도시 문제가 나타나는 까닭은 무엇일까요? 그 이유를 써 보세요.

- 어디를 가든지 차가 너무 막혀.
- 살 집이 부족해.
- 공기가 오염되어서 마스크가 필요해.

3-3 실력 쑥쑥! 어휘를 알려 줘

밀집성

도시와 촌락의 가장 큰 차이점은 밀집성이에요. 밀집성이란 빈틈 없이 빽빽하게 모여 있는 성질을 뜻하는 말인데, 도시는 밀집성이 높고, 촌락은 밀집성이 낮아요. 도시에서는 한정된 좁은 공간에 많은 사람들이 모여 살고 있고, 촌락은 넓은 공간에 적은 사람들이 띄엄띄엄 살고 있기 때문이에요.

도시는 공간의 제약으로 밀집성이 높아 이 발달했어요. 즉, 고층빌딩은 도시의 밀집성을 상징하는 것이라 할 수 있지요. 밀집성은 도시 계획에도 많은 영향을 주고 있어요.

이촌향도

산업화, 도시화가 진행되면서 농촌의 인구들이 도시로 이동하는 현상을 이촌향도 현상이라고 해요. 도시는 2, 3차 산업이 발달해서 일자리가 많고 공공시설이나 병원, 문화 시설 등의 편의 시설이 집중되어 있어서 젊은 사람들이 몰리기 쉬워요. 반면에 농촌은 노인이 많은 고령화 현상이 일어났어요.

경제 발전에 따른 산업화와 도시화는 전 세계적으로 일어나는 현상이에요. 도시에 인구가 몰리는 것도 전 세계적인 현상이지요. 그 결과, 전 세계적으로 농촌은 고령화와 노농력 부족 현상이 생기고, 반대로 도시는 주택 부족, 교통 체증, 환경 오염 등 다양한 문제를 겪게 되었답니다.

어휘 통통

1. 왼쪽 글의 ⬚ 안에 들어갈 말을 써 보세요.

2. '밀집'이라는 말을 활용해서 짧은 글을 만들어 보세요.

3. 다음의 단어를 소리 내어 읽으면서 한자를 눈으로 익혀 보세요.

고령화
高 높을 (고)　齡 나이 (령)　化 될 (화)

4. '밀집성'과 '이촌향도'를 설명한 글을 읽고, 모르거나 어려운 단어가 있다면 국어사전에서 단어의 뜻을 찾아보세요.

　① 모르는 단어:
　　뜻:

　② 모르는 단어:
　　뜻:

4-1 신기한 뉴스 키워드: 케이팝, 관광 산업, 경제 효과

노래와 춤으로 경제를 활성화할 수 있다고?

우리나라의 노래와 춤은 케이팝(K-pop)이라는 이름으로 전 세계에 알려져 있어요. 케이팝이 인기가 많은 이유는 케이팝 가수들의 뛰어난 가창력과 춤 실력, 패션, 팬 서비스 때문이에요. 여기에 다양한 장르의 음악이 더해져서 전 세계인의 주목을 받고 있답니다.

유럽에서 열린 케이팝 콘서트 모습

케이팝은 한국의 문화를 전 세계에 알리고 한국 관광 산업을 활성화하고 있어요. 한국은 케이팝 산업을 통해 약 1조 5천억 원의 수익을 올리고 있는데, 한국 경제의 1%에 해당하는 큰 규모입니다. 한국 관광 공사에 따르면 2019년 한국을 방문한 외국인 관광객 중 약 10%가 케이팝 팬이라고 해요. 케이팝 팬들은 좋아하는 케이팝 가수들의 공연을 보거나 케이팝 관련 상품을 구매하기 위해 한국을 방문하거든요.

이런 현상은 한국 기업이 외국인의 투자를 유치하는 데 큰 도움이 되고 있습니다. 케이팝이 아니었다면 외국에서 한국 기업에 대해 잘 모르거나 관심이 없을지도 몰라요. 하지만 케이팝 덕분에 한국 기업에도 관심을 가지고, 이는 더 큰 경제 효과를 일으키는 것이죠.

케이팝은 우리에게 즐거움뿐만 아니라 경제 발전에도 큰 도움이 되는 문화예요. 케이팝이 더욱 발전해서 한국의 문화가 전 세계에 널리 알려지길 바라요.

개념 어휘
1. 주목: 관심을 가지고 주의 깊게 살피는 것.
2. 수익: 이익을 거두어들이는 것.
3. 유치: 행사나 사업 따위를 이끌어 들이는 것.
4. 활성화: 사회나 조직 등의 기능이 활발함.
5. 문화: 사회 구성원이 함께 나누는 물질적, 정신적인 것.

정리해 볼까요?

1. 케이팝이 한국 경제에 미치는 직접적인 영향은 무엇인가요?
   ① 한국의 농업을 발전시켜요.
   ② 한국의 관광 산업을 활성화해요.
   ③ 한국의 해양 산업을 발전시켜요.

2. 케이팝이 전 세계적으로 인기가 많은 이유로 제시된 내용이 아닌 것은 무엇인가요?
   ① 케이팝 가수들의 뛰어난 가창력과 춤 실력
   ② 케이팝 가수들의 패션과 팬 서비스
   ③ 케이팝 가수들의 요리 실력

3. 문단별 내용 정리
   1문단 : 케이팝의 인기 이유
   2문단 :
   3문단 :
   4문단 :

생각해 볼까요?

4. 세계 사람들이 케이팝을 좋아하는 이유가 무엇일까요? 내가 다른 나라 사람이라고 상상하고 그 이유를 3가지 써 보세요.

꾸준히 발전한 한국 경제 이야기

안녕, 필립!

오늘은 너한테 한국의 경제 발전 과정에 대해 소개하려고 해. 네가 지난번 메일 때 케이팝을 좋아한다고 했었잖아? 사실 케이팝이 세계적으로 인기를 끌게 된 배경에는 한국의 경제 발전이 큰 역할을 했거든.

한국은 1960년대부터 눈부신 경제 성장을 이루기 시작했어. 그때는 정부가 경제 발전 5개년 계획을 세우고, 경공업 중심의 수출 주도 성장 전략을 펼쳤지. 덕분에 한국은 빠르게 경제 성장의 기반을 마련할 수 있었어.

1970~1980년대에는 철강, 석유 화학, 조선, 자동차, 기계 산업, 전자 산업 같은 중화학 공업 분야로 전환하면서 산업 기반을 더욱 튼튼히 했어. 대형 조선소를 건설하는 등 대규모 산업 프로젝트도 많이 추진되었단다.

1990년대 이후에는 정보 통신 기술의 발전과 함께 문화 콘텐츠, 의료 서비스 등 서비스업이 세계적으로 경쟁력을 갖추게 되었어. 최근에는 반도체, 생명 공학, 신소재 같은 첨단 산업이 새로운 성장 동력이 되고 있지.

그만큼 한국은 새로운 기술을 빠르게 받아들이는 편이야. 현재는 사람이 하기 힘든 일을 기계가 대신해서 하거나 자동으로 돌아가도록 만들고 있어. 또 스마트폰 덕분에 언제 어디서나 인터넷에 접속할 수 있게 되었지. 케이팝 같은 문화 콘텐츠도 인터넷을 통해 전 세계로 빠르게 퍼져나간 거고 말이야.

하지만 경제 성장 과정에서 빈부 격차, 개인 정보 유출, 사이버 폭력 같은 문제도 발생했어. 그래서 정부는 이를 해결하기 위해 저소득층 생계비 지급, 최저 임금 인상, 인터넷 안전 이용을 위한 법과 제도를 시행하고 있어.

어때? 다음에는 너희 나라 경제에 대한 이야기를 들려줘. 답장 기다릴게!

다음에 또 만나. 너의 친구 소담

교과서 톺아보기

1. 우리나라의 60년대 경제 성장 모습은 어땠을까요?
   - 경제 성장을 위한 (　　　　　　)의 노력: 경제 발전 5개년 계획
   - 경제 성장을 위한 기업의 노력: (　　　　　　　) 중심의 수출 주도 성장 전략

2. 우리나라의 1970~80년대 경제 성장 모습은 어땠을까요?
   (　　　　　) 공업의 발달

3. 경제 성장에 따른 오늘날의 사회는 어떻게 변했을까요?
   - 사람이 하기 힘든 일을 기계가 대신하는 자동화와 (　　　　　)의 확산
   - 스마트폰으로 손쉬운 (　　　　　) 접속

4. 이러한 경제 성장 과정에서 나타난 문제점들이 있어요. 그것을 해결하기 위한 방법은 무엇이 있을까요?
   - 빈부 격차: 저소득층 (　　　　　) 지급, 최저 임금 인상
   - 인터넷 발달의 부작용: 안전하게 이용하기 위한 (　　　　　　) 시행

생각해 볼까요?

5. 1960년대 우리나라는 섬유, 신발, 가방 등과 같은 경공업 제품의 수출이 빠르게 증가했어요. 그 이유를 조사해서 써 보세요.

4-3 생각 쑥쑥! 배경 지식을 넓혀라

경제가 발전하면 문화도 발전해!

경제가 어려울 때 사람들은 돈을 벌기 위해서 열심히 일합니다. 그래서 다른 것에 눈을 돌릴 여유가 없어요. 가진 게 없고 모아 둔 게 없으니, 오늘 일을 안 하면 내일 당장 먹을 게 없기 때문이에요. 이런 걸 두고 '하루 벌어 하루 먹고산다'고 해요.

예전엔 우리나라도 매우 가난한 나라였어요. 그때는 일을 하고 싶어도 일자리가 많지 않았고, 대부분의 사람들이 농사나 공장에서 일하면서 돈을 벌었어요. 하지만 경제가 점점 발전하면서 사람들은 더 나은 집에서 살고, 더 좋은 음식을 먹고, 더 멋진 옷을 입을 수 있게 되었죠.

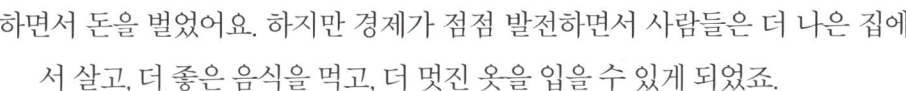

그러자 사람들은 더 나은 삶에 대해 생각하게 되었습니다. 일을 하고 남은 여가 시간에 책을 읽거나, 음악을 듣거나, 영화를 보면서 즐기기 시작했죠. 이런 것들을 문화라고 해요. 우리는 문화를 즐길 때 또 다른 행복을 느낄 수 있어요.

경제가 발전하면 학교에서도 문화와 예술과 관련된 더 좋은 교육을 받을 수 있게 됩니다. 미술 시간에 그림을 그리고, 음악 시간에 악기를 배워요. 예술과 문화를 접한 학생들은 나중에 커서 멋진 예술가나 창작자가 될 수도 있어요. 그러면 우리나라의 문화도 더 발전하겠지요.

우리나라의 케이팝도 이런 문화가 발전해서 만들어진 문화예요. 전 세계의 사람들이 케이팝을 좋아하고, 우리나라를 알아요. 케이팝이 유명해지면서 우리나라 문화를 전 세계에 알릴 수 있게 되었어요.

어휘 통통

1. '눈을 돌리다'는 '눈'과 '돌리다'가 합쳐진 관용구예요. 이 말이 무슨 뜻일지 생각해 보고, 뜻을 써 보세요.

   눈: 빛의 자극을 받아 물체를 볼 수 있는 감각 기관
   돌리다: 물체를 일정한 축을 중심으로 원을 그리면서 움직이게 하다

   '눈을 돌리다'의 뜻:

2. 다음 중 '여유'라는 단어의 뜻을 가장 잘 설명한 것은 무엇일까요?
   ① 시간이 부족한 상태   ② 돈이 부족한 상태
   ③ 시간이나 마음이 넉넉한 상태   ④ 일이 많은 상태

3. 다음 중 '여가 시간'에 할 수 있는 활동으로 적절하지 않은 것이 무엇일지 골라 보세요.
   ① 박물관 방문   ② 콘서트 관람
   ③ 학교 공부   ④ 미술관 방문

4. 이 글에서 모르거나 어려운 단어가 있다면, 국어사전에서 단어의 뜻을 찾아보세요.
   ① 모르는 단어:
      뜻:
   ② 모르는 단어:
      뜻:

5-1 신기한 뉴스 키워드: 토종 씨앗, 식량 주권

토종 씨앗으로 식량 주권 지킨다

우리나라에는 오랫동안 농사를 지어 온 토종 씨앗이 많이 있어요. 이 토종 씨앗들은 우리 땅과 기후에 잘 맞아서 건강하게 자랄 수 있답니다. 하지만 요즘에는 외국에서 들여온 씨앗을 더 많이 심게 되면서 토종 씨앗이 점점 사라지고 있어요.

점점 사라지고 있는 토종 씨앗

예를 들어, 우리나라에서 가장 많이 먹는 밀은 대부분 미국에서 수입해 와요. 딸기도 일본에서 많이 가져오죠. 이렇게 외국 씨앗을 많이 사용하다 보니 우리 토종 씨앗이 점점 사라지고 있습니다. 매년 200여 종의 토종 씨앗이 사라지고 있다고 해요.

토종 씨앗이 사라지면 우리나라의 식량 주권이 위협받게 돼요. 식량 주권이란 우리나라가 스스로 식량을 생산할 수 있는 능력을 말해요. 하지만 지금은 주요 농산물을 대부분 수입에 의존하고 있어서 식량 자급률이 매우 낮아요.

뿐만 아니라 병해충 유입이나 로열티 문제 등 다양한 문제가 있어요. 그래서 정부와 농민들은 토종 씨앗을 보존하고 활용하기 위해 노력하고 있답니다.

우리도 토종 씨앗을 지키는 일에 함께할 수 있어요. 토종 씨앗으로 작은 텃밭을 가꾸어 보는 것은 어떨까요? 토종 씨앗 보존 활동에 참여해 보는 것도 좋아요.

개념 어휘
1. 토종: 본래 그곳에서 나는 종자나 그 땅에서 오래 살아온 사람.
2. 식량: 생존을 위해서 필요한 사람의 먹을거리.
3. 주권: 가장 중요한 권리.
4. 유입: 어떤 물체가 어떤 곳으로 흘러들어 오는 것.

정리해 볼까요?

1. 다음 중 맞는 말에 ○, 틀린 말에 × 하세요.
   - 우리 토종 씨앗이 점점 사라지고 있다.   (   )
   - 토종 씨앗이 없어지면 외국에서 들여온 씨앗을 심으면 된다.   (   )

2. 이 기사에서 하려고 하는 이야기를 정리해 보세요.

   토종 씨앗이 사라지면 (   )이 위협받을 수 있다.

3. 문단별 내용 정리
   1문단 : 토종 씨앗의 뜻
   2문단 :
   3문단 :
   4문단 :
   5문단 :

생각해 볼까요?

4. 토종 씨앗이 무엇인지 좀 더 조사한 뒤, 우리가 토종 씨앗을 지키기 위해 할 수 있는 일들을 구체적으로 생각해 보세요.

5. '토종 씨앗'이라는 단어를 넣어서 문장을 만들어 보세요.

5-2 우당탕 교과서 관련 단원: 4-2 경제활동과 현명한 선택

희소성과 현명한 소비

은서: 오늘 모둠활동 주제가 생산과 소비라고 했잖아? 그런데 난 이 말이 너무 어려운 것 같애. 생산이 도대체 뭐야?

민성: 음, 생산은 우리가 필요한 물건을 만드는 거야. 예를 들면 농부가 작물을 키우는 거나 공장에서 제품을 만드는 거 말이야. 그러니까 옥수수도 농부가 생산한 거고, 라면도 공장에서 생산된 거지.

경주: 앗, 바로 알겠다! 아까 수업 시간에 들었을 땐 잘 모르겠던데. 그러면 소비는 뭐야?

민성: 소비는 그 만들어진 물건을 사용하는 거겠지? 우리가 물건을 사고파는 것도 포함될 거야.

은서: 나, 질문 있어. 그럼 사람들은 왜 물건을 만들어서 사고파는 걸까?

경주: 내 생각엔, 아마도 사람들이 원하는 건 많지만 모든 걸 가질 수 없기 때문이 아닐까 싶어. 쓸 수 있는 돈이나 자원은 한정되어 있잖아. 혼자서 옥수수랑 라면을 다 만들 수는 없겠지.

은서: 그러네, 그런데 아까 선생님이 현명한 소비를 해야 한다고 계속 이야기하셨던 것 같아. 현명한 소비라니, 그게 그냥 소비랑 뭐가 달라?

민성: 필요성이나 가격, 모양, 품질 같은 걸 고려해서 만족할 만한 기준을 가지고 소비하는 게 현명한 소비라고 생각해. 그래야 돈이나 자원을 낭비하지 않으니까.

경주: 맞아, 기준이 중요한 것 같아. 그런데 사람마다 이 기준이 다 다를 텐데, 이 부분을 좀 더 조사해 보면 어떨까?

민성: 그래, 그러자. 우리 반 애들한테 현명한 소비의 기준을 물어보고 정리하면 되겠다.

경주: 아, 그러면 나는 인터넷 검색을 좀 더 해서 관련 정보를 찾아볼게.

은서: 이 내용을 정리해서 발표하면 되겠어. 다들 너무 멋지다.

교과서 톺아보기

1. 다음에서 설명을 읽고, 괄호 안에 들어갈 알맞은 말을 적어 보세요.
   - 생활에 필요한 물건이나 서비스를 만드는 활동 (   )
   - 생산한 것을 쓰거나 이용하는 활동 (   )

2. 사람들이 물건을 생산하고 소비하는 이유는 무엇일까요?
   - 사람들이 원하는 것은 많지만 그것을 모두 가질 수 없기 때문에
   - 쓸 수 있는 돈이나 자원이 (   )되어 있어서

3. 계획성 있게 소비하려면 어떻게 해야 하나요?
   - 만족할 만한 선택 (   ) 고려하기

생각해 볼까요?

4. 현명한 소비를 하려면 어떻게 해야 할까요? 내가 할 수 있는 방법을 2가지 써 보세요.

5-3 생각 쑥쑥! 배경 지식을 넓혀라

세계적인 밀이 된 우리 밀

밀은 세계에서 가장 많이 생산되는 　　　　　 중 하나로, 옥수수 다음으로 많이 생산돼요. 밀의 원산지는 아프가니스탄 일대이고, 세계 인구의 30%가 밀을 주식으로 먹고 있죠. 우리나라도 삼국시대 이전부터 밀이 재배되었다는 것이 유적을 통해 확인되었어요.

하지만 수입 밀이 들어오면서 토종 밀은 점점 사라졌어요. 토종 밀보다 수입 밀의 가격이 더 저렴해서, 사람들은 수입 밀을 사용하는 것이 더 현명한 소비라고 생각했거든요.

그러던 중 토종 밀인 앉은뱅이밀이 세계의 주목을 받게 된 일이 생겼어요. 미국의 농학자 노먼 볼로그가 앉은뱅이밀을 교잡해서 '소노라 64호' 품종을 만들었는데, 이 품종이 세계 식량 문제 해결에 큰 도움을 줬거든요.

앉은뱅이밀은 키가 작고 대가 단단해서 거센 바람에도 쓰러지지 않아요. 또 알이 작고 껍질이 얇아 수확률이 좋고 병해충에도 강해요. 일반 밀가루보다 글루텐 함량이 낮아 소화가 잘되고, 특유의 향이 강해 개성 있는 맛을 내는 데 좋답니다.

앉은뱅이밀의 장점이 알려지면서 많은 사람이 앉은뱅이밀을 찾았어요. 결국 앉은뱅이밀은 지금까지 토종 밀의 명맥을 이어 오고 있죠.

만약 사람들이 앉은뱅이밀을 원하지 않았다면 앉은뱅이밀은 영원히 사라졌을지도 몰라요. 다행히 많은 사람들이 앉은뱅이밀을 원하면서 점점 생산이 늘어나 세계적인 밀이 될 수 있었어요.

우리나라 토종 밀인 앉은뱅이밀

어휘 통통

1. 다음 단어의 뜻을 보고, _____ 안에 들어갈 말을 써 보세요.

> 사람의 식량이 되는 쌀, 보리, 콩, 조, 기장, 수수, 밀, 옥수수 따위를 통틀어 이르는 말.

2. 다음 단어와 뜻을 짝지어 보세요.

    ① 원산지 ·　　　　　　　　· ㉠ 생활하는 데 필요한 물건을 만드는 것
    ② 주식　 ·　　　　　　　　· ㉡ 밥이나 빵처럼 끼니에 주로 먹는 음식
    ③ 생산　 ·　　　　　　　　· ㉢ 물건의 생산지

3. 다음의 문제를 보고 올바른 설명에 ◯ 하세요.
    - 밀은 세계에서 가장 많이 생산되는 곡물 중 하나로,
      옥수수 다음으로 많이 생산되는 곡물이다.　　　　　(O , X)
    - 앉은뱅이밀은 키가 크고 대가 단단해서
      거센 바람에도 쓰러지지 않는다.　　　　　　　　　(O , X)
    - 앉은뱅이밀은 맛이 부드럽고 글루텐 함량이 높아,
      주로 국수나 빵의 재료로 사용되었다.　　　　　　 (O , X)

4. 이 글을 읽을 때 모르거나 어려운 단어가 있다면 국어사전에서 단어의 뜻을 찾아보세요.
    ① 모르는 단어:
       뜻:
    ② 모르는 단어:
       뜻:

6-1 신기한 뉴스   키워드: 지진, 단층, 불의 고리

'불의 고리', 우리도 안전하지 않네

2024년 3월 대만에서 가장 큰 규모인 7.2인 강진이 발생해 최소 7명이 숨지고 700여 명이 다쳤습니다. 대만은 '불의 고리' 안에 있어서 지진이 자주 일어나는 곳이에요. '불의 고리'란 태평양을 둘러싸고 있는 지역을 말하는데, 지진과 화산 활동이 자주 일어나요. 전 세계 지진의 90% 이상이 이 지역에서 발생한다고 해요.

인공위성에 찍은 불의 고리 지역

대만은 이전에도 잦은 지진을 겪었어요. 1999년 대만 중부에서 규모 7.7의 큰 지진이 발생해 많은 사람이 다쳤고, 2016년에도 남부에서 규모 6.6의 지진이 일어나 많은 사람이 숨졌습니다.

우리나라도 이 '불의 고리' 안에 있기 때문에 안전하지 않아요. 실제로 2016년과 2017년에 경북 경주와 포항에서 큰 지진이 일어나기도 했죠. 전문가들은 대만이나 일본에서 발생하는 지진이 언제든 우리나라에 영향을 줄 수 있다고 말해요. 특히 한반도로 에너지가 전달되는 방향의 단층에서 지진이 발생하면 제주도나 남해안 지역에 큰 영향을 줄 수 있어요.

그래서 정부와 전문가들은 우리나라에 숨겨진 단층들을 찾아내고 연구하고 있습니다. 미리 준비하면 지진이 발생했을 때 더 잘 대응할 수 있으니까요. 우리도 지진에 대비하는 방법을 배워야 해요. 지진이 일어나면 어떻게 해야 하는지, 비상용품은 무엇이 필요한지 등을 알아 두면 좋겠습니다.

개념 어휘
1. 강진: 아주 강한 지진.
2. 발생: 어떤 일이나 사물이 생겨나는 것.
3. 규모: 사물이나 현상의 크기나 범위.
4. 단층: 지각 변동으로 지층이 갈려져 어긋나는 현상이나 지형.

정리해 볼까요?

1. '불의 고리'에 있는 나라들에서 자주 일어나는 것이 무엇인지 2가지를 쓰세요.

2. 한반도로 에너지가 전달되는 방향의 단층에서 지진이 발생하면 우리나라 어느 지역에 큰 영향을 주는지 기사 속에서 찾아보세요.

3. 문단별 내용 정리
   1문단 : 대만 강진과 불의 고리
   2문단 :
   3문단 :
   4문단 :

생각해 볼까요?

4. 지진을 직접 경험해 본 적 있나요? 지진이 발생하면 어떻게 행동해야 할까요? 지진이 발생했을 때, 어떻게 해야 할지 조사해 보고 그 과정을 순서대로 정리해 보세요.

6-2　우당탕 교과서　관련 단원: 5-1 우리 국토의 자연환경

태풍의 고백, "피해 주고 싶지 않아"

민수: 안녕하세요! 저는 태풍 님을 인터뷰하기로 한 민수라고 합니다. 오늘 인터뷰 잘 부탁드려요.

태풍: 그렇구나, 안녕, 나는 태풍이야.

민수: 평소 태풍 님은 어떤 모습을 하고 있나요?

태풍: 나는 하늘을 날아다니며 강한 바람과 많은 비를 몰고 다닌단다. 때로는 나무를 쓰러뜨리고 건물을 파괴하기도 하지.

민수: 너무 무서운데요? 사람들을 보호할 방법은 없는 건가요?

태풍: 그래서 기상청에 정보를 알려 주고 있어. 사람들이 태풍에 대비할 수 있도록 말이야.

민수: 그럼 태풍 님이 오면 어떻게 해야 하나요?

태풍: 창문을 꼭 닫고 튼튼한 건물 안으로 대피해야 해. 또 라디오나 TV로 기상 정보를 잘 확인해야 하고.

민수: 태풍 님이 지나간 뒤에는 어떻게 해야 하나요?

태풍: 내가 가고 나서도 주변을 잘 살펴보도록 해. 나무가 쓰러지거나 건물이 파괴되었는지 확인하고, 필요하다면 구조대에 연락해야지. 나 말고도 황사, 가뭄, 폭염, 홍수, 폭설, 한파 같은 다른 자연재해 친구들도 있으니 실시간 기상특보 등을 잘 들어야 할 거야.

민수: 정말 중요한 정보들이네요. 감사합니다.

태풍: 그래. 나도 사실 사람들한테 큰 피해를 주고 싶지는 않지만, 자연 현상이라 어쩔 수 없는 부분이 커.

민수: 앗, 그렇군요! 저도 친구들한테 얘기해서 자연재해에 열심히 잘 대비할게요. 오늘 인터뷰에 응해 줘서 감사합니다.

태풍: 나도 이야기를 나눌 수 있어서 즐거웠어!

교과서 톺아보기

1. 우리 국토의 자연재해에 대해 정리해 보세요.

자연재해	자연 현상이 사람들의 생명과 재산에 피해를 주는 것		
기후와 관련된 자연재해	봄	( )	- 중국이나 몽골의 모래 먼지가 날아오는 현상 - 하늘이 뿌옇게 됨
		( )	- 오랫동안 비가 내리지 않거나 적게 오는 현상 - 땅이 갈라지고 농작물이 말라 죽음
	여름	( )	- 하루 최고 체감 온도가 33℃ 이상이 이틀 이상 계속되는 더위 - 땀띠가 나거나 열사병 등에 걸릴 위험이 있음
		( )	- 비로 하천이 흘러넘쳐 땅이 물에 잠기는 현상 - 도로나 건물 등이 물에 잠겨 피해가 발생함
	여름, 초가을	( )	- 적도 근처에서 발생해 피해를 주는 자연재해 - 강한 바람, 많은 비로 나무가 쓰러지거나 홍수가 발생함
	겨울	( )	- 한꺼번에 많은 눈이 내리는 현상 - 눈이 쌓여 시설물이 붕괴되거나 교통이 마비됨
		( )	- 기온이 갑자기 내려가면서 발생하는 추위 - 사람들이 동상에 걸리거나 수도관이 얼어서 터짐
지형과 관련된 자연재해	화산 활동		- 땅속의 마그마가 지표면을 뚫고 나오는 현상 - 우리나라에서는 거의 발생하지 않음
	( )		- 땅이 지구 내부의 힘을 받아 흔들리고 갈라지는 현상 - 해일, 산사태 등이 함께 일어나 건물과 도로를 파괴함

생각해 볼까요?

2. 자연재해가 발생했을 때 우리가 취해야 할 행동은 무엇일까요? 태풍이 오기 전과 지나간 후에 우리가 해야 할 일들을 생각해 보세요.

6-3 생각 쏙쏙! 배경 지식을 넓혀라

인재로 밝혀진 비극적 사건, 힌남노

태풍 '힌남노'가 우리나라에 상륙했을 때, 특히 경북 포항시에 많은 비가 내렸어요. 이때 진전저수지와 오어저수지에서 대량의 물이 방류되었는데, 진전저수지는 초당 400톤, 오어저수지는 초당 850톤의 물이 하류로 흘러갔어요. 그 때문에 하천이 범람해 근처에 있던 아파트 지하 주차장이 물에 잠기는 사고가 발생했어요.

이 사고로 주차된 차량을 이동시키려고 지하 주차장으로 내려갔던 주민 8명이 사망하고 2명이 다쳤어요. 또 근처 주택가에서 대피하던 주민 1명이 사망하고 1명이 부상을 입었고요. 총 12명의 인명 피해가 발생한 것이죠.

검찰 조사 결과, 이 사고는 현장 담당자들이 제대로 대응하지 않아 발생한 인재로 판단되었어요. 저수지 관리자들은 저수지 수위를 제대로 확인하지 않았고, 방류 후에도 관계기관에 알리지 않았어요. 그래서 지역 주민들이 대피할 수 있는 시간이 충분히 확보되지 않았던 거죠. 아파트 관리사무소장과 시설과장, 경비원들도 태풍과 호우가 왔을 때, 주민들이 위험 지역에 접근하지 못하게 하는 의무를 다하지 않았어요. 차량을 이동하라는 안내 방송만 한 뒤, 대피 안내나 추가 안내 방송이 이뤄지지 않아 혼란이 가중되었지요.

포항시청 관계자는 "이 사고는 피고인들이 재난 상황에서 인명 피해 방지를 위한 의무를 저버림으로써 발생했다"며 "이들이 죄에 상응하는 처벌을 받도록 철저히 공소를 유지하겠다"고 밝혔어요.

이 사고는 지자체와 관련 기관들이 재난 대응 체계를 더욱 강화하는 계기가 되었어요. 앞으로 유사한 사고가 재발되지 않도록 노력해야 해요.

어휘 통통

1. 다음 단어의 뜻을 보고, 이 단어를 활용해 짧은 글을 써 보세요.

> 방류(放流): 모아서 가두어 둔 물을 흘려 보냄

2. 다음 단어와 뜻을 짝지어 보세요.
   ① 대량 ·　　　　　　　· ㉠ 아주 많은 수량이나 분량
   ② 사태 ·　　　　　　　· ㉡ 일이 되어 가는 형편이나 상황
   ③ 재발 ·　　　　　　　· ㉢ 다시 발생하거나 일어남

3. 다음 두 단어는 발음은 같지만, 한자가 달라요. 그 뜻을 소리 내어 읽어 보고, 이 글에서는 무슨 뜻으로 쓰였을지 찾아보세요.

   ① 人 사람(인) 災 재앙(재)
   　　사람에 의하여서 일어나는 재난을 이르는 말.

   ② 人 사람(인) 材 재목(재)
   　　어떤 일을 할 수 있는 학식이나 능력을 갖춘 사람.

4. 이 글을 읽고, 모르거나 어려운 단어가 있다면 국어사전에서 단어의 뜻을 찾아보세요.
   ① 모르는 단어:
   　 뜻:
   ② 모르는 단어:
   　 뜻:

7-1 신기한 뉴스 키워드: 플랫폼, 온라인 판매, 경제 교류

'알테쉬'가 뭐예요?

중국 온라인 쇼핑 플랫폼들이 우리나라에 진출하면서 온라인 시장에 많은 변화가 일어나고 있어요. 그중 '알테쉬'는 알리, 테무, 쉬인의 약자로, 중국 자본의 온라인 판매 앱을 말해요.

이들 앱들은 가격이 매우 저렴한 데다 배송까지 빨라서 돌풍을 일으키고 있습니다. 이들의 거센 공습으로 국내 유통 업계는 큰 위기를 느끼고 있는데, 특히 중소 마켓들은 가격 경쟁력에서 밀리면서 큰 타격을 받는 중이에요.

시장 경제에 많은 영향을 끼치고 있는 온라인 쇼핑 플랫폼들

이런 위기는 다른 나라들도 똑같이 느끼고 있는 부분이에요. 미국이나 유럽은 중국산 제품에 높은 관세를 부과하여 자국의 시장을 보호하려 하고 있죠. 이는 중국의 경제 교류를 어렵게 만들어요.

이와 별개로, 알테쉬에서 판매하는 물건의 품질 문제가 있어요. 내구성이 좋지 않아서 금방 닳기도 하고, 가격이 저렴하니 쉽게 사고 쉽게 버리기도 해요. 이것은 지구와 환경에 아주 나쁜 영향을 미치지요. 또 이들은 안정성 검사에서 벗어나 있어 건강에도 좋지 않아요.

이런 알테쉬의 여러 문제를 해결하기 위해 전문가와 국민의 의견을 모아 온라인 쇼핑 시장의 문제를 찾고, 해결책을 마련할 계획이에요. 소비자로서 우리가 할 수 있는 일은 무엇이 있는지 생각해 보아야 합니다.

개념 어휘
1. 플랫폼: 역이나 정거장의 승강장. 기술적으로는 시스템의 운영체제를 말함.
2. 공습: 갑자기 공격하여 치는 것.
3. 타격: 어떤 일에서 크게 기를 꺾음으로써 얻는 손해나 손실.
4. 내구성: 원래 상태에서 변질되거나 변형되지 않고 오래 견디는 것.

정리해 볼까요?

1. 중국 온라인 쇼핑 플랫폼인 알리, 테무, 쉬인은 최근 인기가 많아졌습니다. 그 이유를 2가지 찾아보세요.
   ① 가격이 (　　　　　　　　　)해서
   ② (　　　　　　　　)이 빨라서

2. 중국 온라인 쇼핑 플랫폼의 문제점을 3가지 찾아보세요.
   ① 국내 유통업계가 큰 (　　　　　　　　　)을 받음
   ② (　　　　　　　　)이 좋지 않아 지구와 환경에 나쁜 영향을 줌
   ③ 안정성 검사에서 벗어나 (　　　　　　　　　)에도 좋지 않음

3. 문단별 내용 정리
   1문단 : 중국 온라인 쇼핑 플랫폼의 국내 진출
   2문단 :
   3문단 :
   4문단 :
   5문단 :

생각해 볼까요?

4. 중국 온라인 쇼핑 플랫폼의 저렴한 가격과 빠른 배송이 국내 온라인 시장에 미치는 영향은 무엇일까요? 소비자의 입장에서 긍정적인 역할과 부정적인 역할을 생각해 보세요.
   ① 긍정적인 역할

   ② 부정적인 역할

세계 여행을 떠나고 싶은 미나

엄마에게

엄마, 저 미나예요. 저는 다른 나라에는 어떤 물건들이 있을까 늘 궁금했어요. 엄마가 나라마다 자연환경과 자원, 기술이 달라서 더 잘 만들 수 있는 물건이나 서비스가 다르다고 했잖아요? 다른 나라에는 우리나라에 없는 물건이나 서비스가 많이 있다고요.

그래서 다른 나라 물건을 사 오고, 우리나라 물건을 팔면 서로서로 좋지 않을까 생각했는데, 그렇게 나라와 나라가 물건과 서비스를 사고파는 것을 '무역'이라고 한다고 얘기해 주셨죠. 무역을 통해 경제적 이익을 얻을 수 있다고요.

무역을 하면 어떤 좋은 점이 있는지를 좀 더 생각해 보았어요. 세계 여러 나라의 좋은 물건을 저렴하게도 살 수 있고, 다양한 문화 상품도 즐길 수 있어요. 또 다른 나라에서 일자리를 얻을 수도 있고, 우리나라에 진출한 외국 기업에서 일할 수도 있고요. 지난번에 만났던 엄마 친구분이 외국 기업에서 일하신다는 게 생각났어요.

선생님께 이런 이야기를 드렸더니, "미나야. 무역에는 문제점도 있단다. 다른 나라에서 물건을 수입할 때 높은 세금을 매기거나 수입을 막는 경우도 있어"라고 하시는 거예요. 그 얘기를 듣고 제가 걱정을 하니까 선생님께서는 웃으면서 "너무 걱정할 필요 없어. 이를 해결하기 위해 나라 간 협상을 하거나 국제기구에 도움을 요청하기도 한단다"라고 하셨어요. 제가 얼마나 안심이 되었는지 몰라요.

어쨌든 무역이 우리 경제에 도움이 되는 것 같아요. 무역을 통해 우리나라 경제가 꾸준히 발전하기도 했고요. 앞으로도 우리나라가 세계 여러 나라와 협력하면서 더 좋은 미래를 만들기를 기대해 보려고요.

그래서 엄마, 제가 부탁이 있는데요. 저는 세계 여행을 가고 싶어요. 다른 나라의 문화와 물건을 직접 경험해 보고 싶어요. 이번 여름 방학 때 세계 여행을 떠나는 건 어떨까요?

엄마를 세상에서 제일 사랑하는 미나가

교과서 톺아보기

1. 경제 교류를 하는 까닭은 무엇인가요?
   - 나라마다 여러 차이로 더 잘 생산할 수 있는 (   )이나 (   )가 다름
   - 더 잘 만들 수 있는 상품을 교환하면 (   )을 얻음

2. 경제 교류가 우리 경제에 미친 영향은 무엇인가요?
   - 세계의 질 좋고 값싼 (   )을 살 수 있음
   - 다양한 (   ) 상품을 즐길 수 있음
   - 외국 기업에서 (   )를 얻을 수 있음

3. 아래 글에서 설명하고 있는 것은 어떤 경제적 관계인가요? 글 속에 나온 단어를 유추해서 적어 보세요

   - 다른 나라와 상호 의존하며 경제적으로 교류함
   - 부족하거나 없는 것은 수입, 발전된 것은 수출함
   - 한 상품을 위해 여러 나라와 협력하기도 함

생각해 볼까요?

4. 미나가 세계 여행을 떠난다면 어떤 경험을 할 수 있을지 생각한 뒤 적어 보세요.

7-3 실력 쑥쑥! 어휘를 알려 줘

무역

무역은 한 나라에서 생산된 물건이나 서비스를 다른 나라와 주고받는 활동이에요. 이를 통해 나라들은 필요한 자원을 얻고, 자국의 제품을 판매하여 경제를 활성화시켜요. 한국에서 만든 전자 제품을 외국에 팔고, 외국에서 만든 식재료를 수입하는 것이 무역이에요.

수출

수출은 한 나라에서 생산된 물건이나 서비스를 다른 나라에 파는 것을 말해요. 수출을 통해 나라들은 외화를 벌어들일 수 있어요. 한국에서 생산된 자동차나 전자 제품을 미국이나 유럽에 판매하는 것이 수출이에요. 수출은 국가 경제에 중요한 역할을 해요.

수입

수입은 다른 나라에서 생산된 물건이나 서비스를 우리나라로 사오는 거예요. 수입을 통해 우리나라는 자국에서 생산되지 않는 물품이나 자원을 얻을 수 있어요. 커피나 석유 같은 제품은 우리나라에서 많이 수입하는 대표적인 품목이에요. 수입은 소비자에게 다양한 선택권을 제공해요.

환율

환율은 한 나라의 돈을 다른 나라의 돈으로 바꿀 때의 비율이에요. 예를 들어, 1달러를 한국 원화로 바꿀 때 1,200원이 필요한 경우, 환율은 1달러당 1,200원이 되는 거예요. 환율은 국제 거래와 여행에서 중요한 역할을 하며, 환율에 따라 수출입 가격이 달라질 수 있어요.

어휘 통통

1. 무역은 한 나라에서 생산된 물건이나 서비스를 다른 나라와 주고받는 활동을 의미합니다.

   (O , X)

2. 한국에서 생산된 자동차를 미국에 판매하는 것을 무엇이라고 하는지 두 글자로 쓰세요.

3. 브라질에서 생산된 커피를 한국으로 가져오는 것을 무엇이라고 하는지 두 글자로 쓰세요.

4. 한 나라의 돈을 다른 나라의 돈으로 바꿀 때의 비율을 무엇이라고 하는지 두 글자로 쓰세요.

생각해 볼까요?

5. 무역이 왜 중요할까요? 그 이유를 적어 보세요.

6. 여러분은 물건을 고를 때, 국산품과 외국 제품 중에서 어떤 것을 선택하고 있나요? 물건을 고를 때 기준이 있다면, 그것이 무엇인지 정리해 보세요.

8-1 신기한 뉴스 키워드: 지역 문제, 주민 참여

주민 스스로 지역 문제를 해결한다

　전라남도는 주민들이 스스로 지역 문제를 해결하는 '사회 혁신' 공동체를 위해 10개의 사업을 선정했어요. 이 사업들은 지역 사회 문제 해결, 공공서비스 사각지대 해소, 주민 참여 공간 개선이라는 3가지 분야로 나뉘어 진행됐어요.

　지역 사회 문제 해결 분야에는 순천시, 나주시, 광양시, 영광군이 참여했어요. 순천시는 종이 우유팩 재활용 캠페인을, 나주시는 이주민과 지역 주민이 함께하는 플리마켓을, 광양시는 임산부를 위한 태교 교실과 영유아 놀이 프로그램을, 영광군은 폐기물을 재활용한 제품 개발과 열린 장터를 운영해요.

　공공서비스 사각지대 해소 분야에는 여수시, 순천시, 화순군, 강진군, 진도군이 참여해요. 여수시는 소외 계층과 음식을 나누는 기부 캠페인을, 순천시는 독거노인을 위한 문화예술 프로그램을, 화순군은 발달 장애인의 경제적 자립을 돕는 사업을, 강진군은 어르신 장보기 대행 및 배송 서비스를, 진도군은 취약 계층의 집수리 서비스를 제공해요.

　주민 참여 공간 개선 분야에는 구례군이 참여하여 청소년 문화 시설 확충을 위해 방과 후 취미 교실과 자율활동 공간을 만들어요.

　전라남도는 많은 주민들이 이 사업에 관심을 가졌으며, 주민들이 지역 문제를 해결하는 우수 사례가 나올 수 있도록 행정 지원을 아끼지 않겠다고 밝혔습니다.

개념 어휘
1. 혁신: 오래된 관습이나 방법 따위를 완전히 바꾸어서 새롭게 함.
2. 대행: 남을 대신하여 행하는 것.
3. 취약: 무르고 약한 것.
4. 확충: 늘리고 넓혀 충실하게 하는 것.
5. 지원: 지지하여 돕는 것.

정리해 볼까요?

1. 전라남도의 사회 혁신 사업 중 '지역 사회 문제 해결' 분야에 참여하는 지역이 아닌 곳은 어디인가요?
   ① 순천시　　　　　　　② 여수시
   ③ 나주시　　　　　　　④ 광양시

2. 순천시가 '공공서비스 사각지대 해소' 분야에서 추진하는 사업은 무엇인지 정리해 보세요.

3. 구례군이 '주민 참여 공간 개선' 분야에서 추진하는 사업은 무엇인지 정리해 보세요.

4. 문단별 내용 정리
   1문단 : 주민이 스스로 지역 문제를 해결하는 사회 혁신 공동체 사업
   2문단 :
   3문단 :
   4문단 :
   5문단 :

생각해 볼까요?

5. 여러분이 사는 지역 사회의 문제를 생각해 보았나요? 그 문제를 해결하기 위한 구체적인 방법을 써 보세요.

| 8-2 | 우당탕 교과서 | 관련 단원: 4-1 지역 문제와 주민 참여 |

동네 해결사 재혁이의 일기

| 20○○년 ○○월 ○○일 ○요일 | 날씨: 맑았다가 흐림 ☀ ☁ |

　오늘 선생님께서는 우리가 직접 우리 동네 문제를 찾아보고 해결하는 방법을 알려 주셨다. 우리는 그 방법으로 우리 동네 문제를 해결하기로 했다.

　먼저 우리는 서울시청과 성북구청 홈페이지를 둘러보면서 우리 동네에 어떤 문제가 있는지 찾아보았다. 그리고 우리 주변을 둘러보며 어떤 문제가 있는지 직접 찾아보았다.

　문제를 찾은 다음에는 그 문제가 왜 생겼는지 원인을 파악했다. 여러 가지 자료를 찾고 분석하면서 문제의 원인을 찾아냈다. 쉽지는 않았지만 친구들과 같이 하니 재미있었다.

　그다음에는 문제를 해결할 방법을 생각해 보았다. 우리는 동네 주민들, 공공기관 관계자, 전문가의 의견을 듣기 위해 주말에 만나기로 했다. 민준이와 성희는 동네 주민들을 만나기로 했고, 나와 승원이는 공공기관 관계자를 만났다. 그리고 유정이는 전문가를 만났다. 그분들은 우리 이야기를 듣고 자신의 의견을 이야기해 주셨다. 우리는 월요일 방과 후에 모여 각 방안의 장단점을 비교해 보면서 가장 좋은 해결 방안을 찾았다.

　마지막으로 우리는 선택한 해결 방안을 실천하기로 했다. 다들 한마음이었으니 우리 동네 문제를 해결할 수 있을 거다. 이 과정에서 나는 문제를 해결할 때, 서로를 배려하고 대화와 타협의 자세를 가져야 한다는 것을 배웠다. 모든 주민이 적극적으로 참여해야 더 좋은 곳으로 만들 수 있다는 것도 알게 되었다.

　앞으로도 우리 동네에 어떤 문제가 생기면 이렇게 해결해 나가면 좋겠다. 우리 모두가 힘을 합치면 우리 동네를 더 살기 좋은 곳으로 만들 수 있을 것 같다는 생각이 들었다.

교과서 톺아보기

1. 지역 문제 해결 과정에 대해 정리해 보세요.

지역 문제 확인	- 평소 지역의 문제에 관심 갖기 - 시청 및 도청의 누리집 방문 - 지역 신문과 뉴스 살펴보기
지역 문제 원인 파악	- 지역 문제와 관련된 자료 수집 및 분석
문제 해결 방안 탐색	- 지역 주민, 공공기관, (　　　　　　)의 의견 듣기
문제 해결 방안 검토	- 문제 해결 방안의 장점과 단점을 비교하기 - 시간, 비용, 효과를 고려하기
문제 해결 방안 결정	- 장단점을 비교하며 문제 해결 방안 결정하기 - 주민 투표로 의견 모으기 　(다수결의 원칙을 따르되 소수 의견 존중하기)
문제 해결 방안 실천	- 결정된 문제 해결 방안 (　　　　　　)하기 - 달라진 점을 살펴보며 개선 방법 찾기
주민 참여 시 필요한 자세	- 주민 모두에게 도움이 되는지 고민하기 - 적극적으로 참여하며 배려하는 자세 - 소수의 의견도 존중하기 - (　　　　)와 (　　　　　)으로 의견을 조정하기

생각해 볼까요?

2. 지역 문제를 해결하기 위해서는 주민들의 적극적인 참여와 협력이 가장 중요해요. 우리 주변에 문제가 생겼을 때, 어떻게 사람들을 적극적으로 참여시키고 협력할 수 있을지 생각해 보세요.

8-3 생각 쑥쑥! 배경 지식을 넓혀라

초등학생이 우리 동네 영웅이에요!

제주북초등학교의 학생들은 제주 지역 문제 해결 플랫폼 단체와 함께 '주민 참여형 원도심 공공디자인 프로젝트'에 참여했어요. 이 프로젝트는 우리 동네를 더 깨끗하고 아름답게 만들기 위한 활동이에요.

먼저, 친구들은 길 위에 버려진 담배꽁초와 쓰레기가 큰 문제라고 생각했어요. 담배꽁초는 거리의 미관을 해칠 뿐만 아니라, 환경에도 나쁜 영향을 주고 있어요. 담배꽁초에는 미세 플라스틱을 발생시키는 '셀룰로오스 아세테이트'라는 성분이 들어 있어서, 자연에 매우 해롭거든요.

그래서 친구들은 담배꽁초 문제를 해결하기 위해 특별한 쓰레기통을 만들기로 했어요. 이 쓰레기통의 이름은 '바담깨비'예요. '바담깨비'는 바다에서 온 담배꽁초를 먹는 도깨비를 의미해요. 참 재미있죠?

또 환경 교육을 통해 담배꽁초의 유해성과 제주 환경의 현황에 대해 배웠어요. 그리고 환경단체 '지구별약수터'의 대표와 함께 해안가에 떠내려온 폐부조에 생태 물감으로 그림을 그려 바담깨비를 만들었어요. 이 바담깨비는 학교 근처 통학로에 설치될 예정이에요.

제주 지역 문제 해결 플랫폼의 사무국장님은 "학생들이 직접 지역 문제를 해결하는 과정에 참여했다는 것이 매우 의미가 있다"며 "학생들의 활동이 좋은 결과를 얻을 수 있도록 지역 주민들의 참여와 실천이 필요하다"고 말씀하셨어요.

제주북초등학교 친구들은 지역 문제 해결에 큰 역할을 하고 있어요. 지역 주민들과 함께 더 나은 제주를 만들어 가는 거죠. 친구들이 우리 동네를 위해 열심히 노력한 이야기, 정말 멋지지 않나요?

어휘 통통

1. 빈칸에 들어갈 말을 생각해 보세요.

   제주북초등학교 학생들은 길 위에 버려진 (   )가 큰 문제라고 생각했습니다.

2. 바다에서 온 담배꽁초를 먹는 도깨비를 의미하는 쓰레기통의 이름은 무엇일까요?

3. 이 글을 읽고, 모르거나 어려운 단어가 있다면 국어사전에서 단어의 뜻을 찾아보세요.
   ① 모르는 단어:
      뜻:
   ② 모르는 단어:
      뜻:

생각해 볼까요?

4. '바담깨비'를 학교 근처 통학로에 설치하는 이유는 무엇일까요? 내 생각을 정리해 보세요.

9-1 신기한 뉴스 키워드: 스마트팜, 농업, 환경 정보

똑똑한 농사, 스마트팜

2024년 6월 네덜란드 암스테르담에서 열린 그린테크 박람회는 다채로운 기술을 선보이며 화제를 모았어요. 그린테크 박람회는 현대 시설 농업과 환경 친화적 기술에 중점을 둔 세계 최대 스마트팜 행사예요.

최적의 환경을 실시간으로 유지하는 스마트팜

과거에는 농부들이 주어진 자연환경에 맞추어 농사를 지었으나 환경 오염이 심해지면서 전통적인 농업 방식으로는 효율적인 농사짓기가 어려워졌어요. 이러한 문제를 해결하고자 등장한 것이 스마트팜이에요.

스마트팜은 농업에서 정보통신기술을 활용하여 작물의 생육 환경을 자동으로 관리하는 시스템을 말해요. 작물의 최적 생육 환경을 유지하고, 환경 정보를 실시간으로 모니터링하며, 이를 바탕으로 자동으로 환경을 조절하죠. 주로 스마트 온실, 스마트 과수원, 스마트 축사 등에서 사용되고 있어요.

스마트팜은 병해충 관리와 수확량 예측이 용이함은 물론, 자동화된 관수 시스템 등을 이용해서 자원 사용을 최적화할 수 있어요.

앞으로 스마트팜 기술이 더욱 발전하고 보편화되면 농업 분야의 혁신을 이끌게 될 거예요. 농업인들의 삶의 질이 향상되고, 소비자들에게도 안전하고 신선한 농산물을 제공할 수 있기를 기대하고 있어요.

개념 어휘
1. 효율: 들인 노력과 얻은 결과의 비율.
2. 자동: 자체 내에 있는 일정한 장치의 작동에 따라 스스로 작동하는 것.
3. 생육: 생물이 나서 길러지는 것.
4. 용이하다: 어렵지 않고 매우 쉽다.
5. 보편화: 일반 사람들에게 널리 퍼지는 것.

정리해 볼까요?

1. '스마트(Smart)'의 뜻은 '똑똑한'이고 '팜(Farm)'의 뜻은 '농장'입니다. 그렇다면 '스마트 팜'은 무슨 뜻인지, 기사의 내용을 바탕으로 생각해 보세요.

2. 스마트팜이 전통적인 농업 방식보다 더 좋은 점을 3가지 찾아 써 보세요.

3. 문단별 내용 정리

   1문단 : 네덜란드에서 열린 그린테크 박람회

   2문단 :

   3문단 :

   4문단 :

   5문단 :

생각해 볼까요?

4. 우리 동네에 스마트팜이 생긴다면 그곳에서는 어떤 것을 기르면 좋을까요?

5. 내가 스마트팜에 간다면 무엇을 제일 먼저 보고 싶은지 일기를 써 보세요.

9-2 우당탕 교과서 관련 단원: 3-2 우리 고장의 환경과 생활 환경

우리 동네는 어떤 모습으로 살고 있을까?

민국: 안녕하세요, 여러분! 민국이TV의 이민국이에요. 오늘은 우리 동네의 장점을 소개하려고 해요. 함께 보실래요? 먼저, 민주를 만났어요. 민주야, 우리 동네의 장점이 뭐라고 생각해?

민주: 우리 동네는 산이 많아. 산에는 나무들이 많이 자라고 있고, 산비탈에는 배추와 무를 재배해. 정말 자연이 아름다워.

민국: 서준이와 윤성이도 인터뷰했어요. 서준아, 우리 동네의 장점은 뭐야?

서준: 바다가 있어. 바닷가에서는 물고기도 잡고, 김과 미역을 기르지. 바다가 있어서 신선한 해산물을 먹을 수 있는 거야.

민국: 윤성아, 우리 동네에서 자랑할 만한 게 뭐가 있을까?

윤성: 소금을 만드는 염전이 있어. 햇볕과 바람으로 바닷물을 말려서 소금을 만들어. 정말 신기하지?

민국: 마지막으로 효민이를 만났어요. 효민아, 우리 동네의 장점이 뭘까?

효민: 우리 동네에는 들판이 있어. 들판에서 논과 밭을 만들어 곡식과 채소를 길러. 또 가축도 키워. 그래서 신선한 농산물과 고기를 먹을 수 있어.

민국: 어? 저기 걸어오는 분이 우리 선생님이에요. 선생님은 우리 동네에 사세요. 선생님, 우리 동네는 어떤 곳인가요?

선생님: 민국아. 유튜브 찍고 있는 거야? 우리 동네는 다양한 환경이 있지. 산, 바다, 들판 등 자연환경이 풍부하고, 사람들이 만든 인문환경인 논, 밭, 염전 등도 잘 발달되어 있어. 그래서 우리 동네 사람들은 농사도 짓고, 물고기도 잡고, 소금도 만들고 있단다.

민국: 감사합니다. 선생님. 여러분, 이렇게 우리 동네는 자연과 사람이 함께 어우러져 살아가는 멋진 곳이에요. 앞으로도 우리 동네 환경을 소중히 여기며 잘 가꾸어 나가야겠어요. 감사합니다! 구독, 좋아요, 알림 꼭 설정해 주세요!

교과서 톺아보기

1. 환경에 따라 사람들의 삶이 달라져요. 환경에 따라 생활 환경이 어떻게 달라지는지 정리해 보세요.

환경		- 사람들이 살아가는 데 영향을 주는 주변의 모든 것 - 고장마다 자연환경과 인문환경의 모습이 다양함
자연환경		- 자연적으로 생겨난 땅, 날씨에 영향을 주는 것 - 종류: 산, 들, 하천, 바닷가, 눈, 비, 바람, 기온 등
( )		- 사람들이 만든 다양한 환경 - 종류: 논과 밭, 공장, 도로, 항구 등
자연환경을 이용한 고장의 모습	들이 펼쳐진 고장	- 들을 논과 밭으로 만들어 곡식과 채소 재배 - 소와 돼지 등 가축을 기름
	바닷가에 있는 고장	- 바다에서 수산물을 얻음 - 양식장을 만들어 ( ), ( ), ( ) 등 기르기
	( ) 이 많은 고장	- 목재, 약초, 나물을 얻음 - 목장을 만들어 소를 키움 - 산비탈의 땅을 논과 밭으로 만들어 농사를 지음

생각해 볼까요?

2. 우리 동네의 자연환경이나 인문환경은 어떤가요? 우리 동네의 모습을 곰곰이 생각해 보고, 그런 환경을 어떻게 이용하고 있는지 써 보세요.

9-3 생각 쑥쑥! 배경 지식을 넓혀라

지형의 특성을 살린 마을로 여행을 떠나자!

지형적 특성을 잘 활용하여 농업 및 생산 활동을 하는 다양한 마을들이 있어요. 방학 때 가족들과 함께 여행가기 좋은 대표적인 마을을 소개할게요. 신기한 풍경과 맛있는 음식을 충분히 즐기고 오길 바라요!

남해 다랭이마을 전경

첫 번째 여행지, 경상남도 남해 다랭이 마을
계단식 논으로 유명한 마을이에요. 가파른 산비탈을 따라 조성된 다랑논에서 농사를 짓고 있어요. 아름다운 해안선과 함께 독특한 농업 풍경을 자랑해요.

두 번째 여행지, 제주 서귀포 성산읍 신양리
바람이 많이 부는 제주도의 특성을 살려 바람막이 돌담을 쌓아 농사를 짓는 마을이에요. 주로 감귤 농사가 유명하며, 화산 토양 덕분에 농산물이 풍부하게 자라요.

세 번째 여행지, 전라남도 보성 대한다원
구릉 지형을 따라 조성된 녹차 밭이 유명한 마을이에요. 계단식으로 조성된 녹차 밭은 아름다운 풍경을 자아내며, 이곳에서 생산되는 보성 녹차는 전국적으로 유명해요.

네 번째 여행지, 경상북도 청송 주왕산 주산지 마을
산지 지형을 활용한 사과 농사로 유명해요. 주왕산의 맑은 물과 깨끗한 자연환경 덕분에 청송 사과는 맛과 품질이 뛰어나답니다.

다섯 번째 여행지, 전라북도 임실 치즈마을
임실의 구릉지와 목초지를 활용하여 소를 키워 치즈를 생산하는 마을이에요. 한국 최초의 치즈 생산지로, 목초지를 따라 소를 방목하며 치즈와 유제품을 생산해요.

어휘 통통

1. '다랑논'은 어떤 논을 의미하는 걸까요?

　　① 평평한 밭　　　　　　② 계단식 논
　　③ 해변　　　　　　　　④ 산림

2. 바람막이 돌담의 주된 역할이 무엇인지 이름을 보고 생각해 보세요.

　　(　　　　　　　　　　)을 막아서 농작물을 보호하는 역할

생각해 볼까요?

3. 소개된 5개의 마을 중 한 곳을 선택해서 그 마을에 가고 싶은 이유를 설명해 보세요. 그 마을에서 뭘 하고 싶은지 구체적으로 써 보세요.

4. 만약 우리 동네에 농사를 짓는다면 어떤 농업 활동을 할 수 있을지 우리 동네의 자연환경을 생각한 뒤 설명해 보세요. (예를 들어 동네에 산이 많다면 그 산을 어떻게 활용해서 농사를 지을 건지, 강이 있다면 그 강을 어떻게 활용해서 농사를 지을 건지를 설명해 보세요.)

10-1 신기한 뉴스 키워드: 인구, 출산율, 저출산, 고령화

역대 최저 출산율, 인구가 소멸할지도 몰라

우리나라의 출생아 수와 합계 출산율이 계속해서 감소하고 있다고 해요. 지난해 출생아 수는 23만 명으로 전년보다 7.7% 줄었고, 합계 출산율도 0.72명으로 역대 최저 수준을 기록했어요. 특히 20대 후반과 30대 초반 여성의 출산율이 크게 감소했다고 하죠.

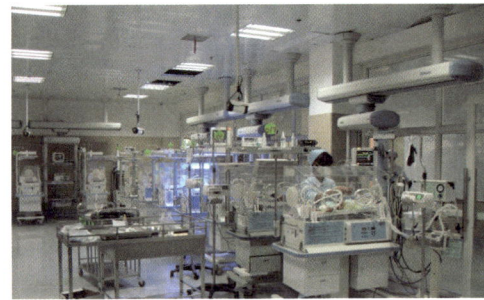

이처럼 우리나라의 저출산 현상은 매우 심각한 수준입니다. 2021년 기준 OECD 38개 회원국 중 합계 출산율이 1.0명 미만인 국가는 우리나라가 유일할 정도로 낮다고 해요. 또한 여성의 첫째 출산 연령도 32.6세로 OECD 국가 중 가장 높아요.

저출산의 주요 원인으로는 긴 근로 시간, 육아 부담, 주거 및 교육비 등 경제적 부담 등이 지적되고 있어요. 정부는 혼인 건수 증가를 긍정적 요인으로 보고 있지만, 최근 심화되는 출산 기피 현상으로 인해 낙관할 수만은 없는 상황입니다.

저출산 문제는 단순히 인구 감소뿐만 아니라 국가 경제와 재정에도 심각한 영향을 미칠 것으로 예상돼요. 한국은행 경제연구원은 초저출산과 고령화로 인한 어려움을 경고했어요. 한국의 초저출산이 OECD에서 가장 심각한 수준이며 고령화 속도도 세계에서 가장 빠르게 진행 중이라고 밝혔어요.

이에 정부와 사회 전반의 적극적인 대응이 요구되고 있습니다. 저출산 문제 해결을 위해서는 보다 종합적이고 장기적인 접근이 필요해요.

개념 어휘
1. 감소: 양이나 수치가 줄어드는 것.
2. 역대: 대대로 이어 내려온 여러 대. 또는 그동안.
3. 기피: 꺼리거나 싫어하여 피하는 것.
4. 낙관: 앞으로의 일 따위가 잘 되어 갈 것으로 여기는 것.
5. 접근: 가까이 다가가는 것.

정리해 볼까요?

1. 우리나라 출생아 수와 합계 출산율은 어떻게 되는 추세인가요?

2. 저출산의 주요 원인을 3가지 정리해 보세요.
   ① 긴 (   ) 시간
   ② (   ) 부담
   ③ (   ) 적 부담

3. 저출산 문제가 국가의 어떤 분야에 심각한 영향을 미칠 것인지 예상해 보세요.

4. 문단별 내용 정리
   1문단 : 우리나라 출산율의 감소
   2문단 :
   3문단 :
   4문단 :
   5문단 :

생각해 볼까요?

5. 저출산 문제를 해결할 수 있는 방법을 생각해 써 보세요.

우리 반 인원은 63명

지은: 엄마, 오늘은 학교에서 수업 시간에 무척 재미있는 이야기를 들었어요.

엄마: 그래? 무슨 이야기를 들었는데?

지은: 우리 사회에서 일어나고 있는 변화에 대해 배웠어요. 아기를 낳는 사람들이 줄어들고 있어서 학교에 다니는 학생 수도 줄은 거래요. 선생님이 어릴 때는 한 반에 63명이나 있었다는데요!

엄마: 맞아. 엄마도 그랬어. 그러고도 반이 모자라서 오전반과 오후반을 나눠서 다녔단다. 엄마는 오전반이었는데 늦잠을 실컷 자고 학교에 오는 오후반이 부러웠어. 지금은 가족 구성원의 수가 줄어들어서 혼자 사는 사람들이 많아졌지만, 그때는 한 집에 대여섯 명씩 사는 일이 더 많았단다.

지은: 그렇구나. 완전 신기해요.

엄마: 인구가 자꾸 줄어드니까 나라에서도 엄청 노력 중이야. 아기를 키우는 가정을 돕고, 직장인들에게 아기를 돌볼 수 있는 휴가를 주고, 아기를 돌봐 줄 수 있는 기관들도 늘리고 있단다.

지은: 그럼 또 다른 변화는 뭐가 있어요?

엄마: 저번에 시골에 갔을 때, 할머니와 할아버지들이 많았지?

지은: 맞아요. 내 또래는 별로 없고 어른들이 더 많았어요.

엄마: 맞아. 그게 바로 고령화 현상이야. 사회에 노인들이 점점 많아지고 있단다. 그래서 노인들을 위한 시설과 제도, 산업들도 늘어나고 있대. 일자리를 쉽게 찾도록 돕고 건강을 잘 챙길 수 있도록 지원하는 거지.

지은: 우리 사회에서는 정말 다양한 변화가 일어나고 있네요.

엄마: 그렇지. 지은이가 컸을 때는 세상이 또 어떻게 바뀔지 궁금해지네.

교과서 톺아보기

1. 저출산으로 우리 사회의 모습은 어떻게 달라질까요?
   1) 태어나는 (   ) 의 수가 줄고 있음
   2) 학교의 (   ) 수가 줄어들고 있음
   3) (   ) 의 수가 줄고 혼자 사는 사람도 많아짐

2. 저출산에 대처하기 위한 우리 사회의 노력은 어떤 것이 있을까요?
   1) 아이를 키우는 가정을 경제적으로 (   ) 함
   2) 직장인에게 아기를 키우기 위해 (   ) 를 줌
   3) 아기를 돌봐 주는 (   ) 을 늘림

3. 고령화에 대처하기 위한 우리 사회의 노력은 어떤 것이 있을까요?
   1) 노인들이 (   ) 를 쉽게 찾도록 도움
   2) 노인의 여가 활동을 지원하는 제도와 산업이 많아지고 있음
   3) 노인의 (   ) 을 챙기고 돌봄이 필요한 노인을 지원함

생각해 볼까요?

4. 우리 사회에는 다양한 변화가 일어나고 있어요. 저출산과 고령화 현상에 따라 우리 미래 사회가 어떻게 변할지 2070년의 모습을 생각해 보세요.

10-3 생각 쑥쑥! 배경 지식을 넓혀라

아이를 낳으면 돈을 준다고?

우리나라는 출산율이 계속 낮아지면서 인구 구조가 변화하고 있어요. 평균 수명도 늘어서 노인 인구는 점점 늘고요. 이런 현상은 우리 사회에 큰 영향을 줘요. 젊은 층의 인구가 줄어들면 생산 가능 인구가 ㉠ _____ 하고, 노인 부양 부담이 ㉡ _____ 할 수 있어요. 또 의료, 요양, 연금 등 사회 복지 서비스에 대한 수요가 늘어나 정부와 기업이 새로운 정책과 제도를 마련해야 해요.

그래서 정부와 기업, 지역 자치 단체들이 출산 장려를 위해 다양한 노력을 하고 있어요. 예를 들어 A그룹은 2021년 이후 출산한 직원에게 아이 한 명당 출산 장려금 1억 원을 지원하고 있어요. B그룹은 출산 장려금과 육아기 재택근무 등의 혜택을 제공하고 있죠.

지역 자치 단체에서도 출산 장려금을 지원하고 있어요. 경기도는 자녀 수에 따라 출산 장려금과 양육 지원금을 제공하고 전남 일부 지역에서도 출산 장려금 지원 정책을 시행하고 있어요.

이렇게 기업과 지역 자치 단체가 출산 장려에 나서는 이유는 저출생 문제가 심각하기 때문이에요. 일과 육아의 균형이 잘 이루어지지 않아 여성들이 경력 단절을 겪는 경우가 많아서 기업과 지역 사회의 협조가 필수적이거든요.

현금을 주는 것이 효과적인지에 대해서는 의견이 갈리고 있어요. 형평성 문제도 있고, 중소기업의 경우 현금 지원이 어려울 수 있기 때문이죠. 정부 주도의 육아 휴직 의무화 등 제도적 변화가 필요하다는 의견도 있어요. 일과 육아의 균형을 위해 유연 근무제 확산과 남녀 모두의 자유로운 육아 휴직 사용이 중요할 것 같아요.

우리 사회가 함께 노력한다면 저출산과 고령화 문제를 잘 극복할 수 있을 거예요. 여러분은 어떻게 생각하나요?

어휘 통통

1. 왼쪽 글의 ㉠과 ㉡에 들어갈 말로 적절한 것을 고르세요.
   ① 증가-감소
   ② 증가-증가
   ③ 감소-감소
   ④ 감소-증가

2. '심각'의 뜻으로 맞는 것을 찾아보세요.
   ① 근심스럽거나 답답하여 활기가 없다
   ② 할 일에 대하여 어떻게 하기로 마음을 굳게 정하다
   ③ 상태나 정도가 매우 깊고 중대하다
   ④ 하는 일이 없어 지루하고 재미가 없다

3. 다음의 단어를 소리 내서 읽으며 한자를 눈으로 익혀 봅시다. 이 단어가 무슨 뜻인지 적어 보세요.

   출산 장려금

   出 나올(출)   産 낳을(산)   奬 권면할(장)   勵 힘쓸(려)   金 쇠(금)

4. 이 글을 읽고, 모르거나 어려운 단어가 있다면 국어사전에서 단어의 뜻을 찾아보세요.
   ① 모르는 단어:
      뜻:
   ② 모르는 단어:
      뜻:

11-1 신기한 뉴스 키워드: 일본, 관광객, 문화 교류

일본 관광객 1위, 한국 관광객 1위

한국은 중국과 일본과 가까운 나라로, 특히 일본과는 관광과 문화 교류가 매우 활발해요. 작년에 한국과 일본을 방문한 관광객 수는 각각 1위를 기록했죠. 한국을 방문한 일본 관광객은 232만 명으로, 외국인 관광객 중 가장 많은 수를 차지했으며, 이는 중국 관광객보다 30만 명 더 많은 수치라고 해요.

한국 관광객이 많이 찾는 도쿄 시부야

일본을 방문한 한국 관광객은 696만 명으로, 역시 외국인 관광객 중 가장 많았어요. 이는 한국을 방문한 일본 관광객 수의 3배에 해당하며, 일본을 방문한 외국인 관광객 중 27.8%로 1위를 기록했어요.

이처럼 한국과 일본이 서로를 방문한 관광객 수가 각각 1위를 기록한 이유는 여러 가지예요. 한일 정상 회담으로 인해 양국 관계가 개선되고, 한국 문화의 인기가 높아진 것, 일본의 엔화 가치 하락 등이 주요 요인이에요. 또한 일본은 '코리아그랜드세일' 같은 이벤트나 문화 관광 축제 등 다양한 행사들을 열어 관광객을 끌어들였습니다.

한국과 일본은 지리적으로 가까워 많은 사람들이 여행을 통해 서로의 문화를 경험하고 있어요. 이러한 문화 교류는 두 나라의 관계를 더욱 돈독하게 만들고, 상호 이해를 증진하는 데 큰 도움이 될 수 있어요.

개념 어휘
1. 교류: 문화나 사상 따위가 서로 통하는 것.
2. 방문: 어떤 사람이나 장소를 찾아가서 만나거나 보는 것.
3. 차지: 사물이나 공간, 지위 따위를 자기 몫으로 가지는 것.
4. 수치: 계산하여 얻은 값.
5. 정상 회담: 두 나라 이상의 우두머리가 모여 하는 회담.

정리해 볼까요?

1. 일본을 방문한 한국 관광객 수는 몇 명이며, 일본을 방문한 외국인 관광객은 어느 정도 비중을 차지하나요?

   한국 관광객 수는 (   )명이며, (   )%를 차지합니다.

2. 한국과 일본을 방문한 관광객 수가 각각 1위를 기록한 주요 요인 3가지는 무엇인가요?

3. 문단별 내용 정리

   1문단 : 한국과 일본은 관광과 문화 교류가 활발함
   2문단 :
   3문단 :
   4문단 :

생각해 볼까요?

4. 한국과 일본 사람들이 서로의 나라를 여행하고 문화를 나누는 것이 두 나라에 어떤 좋은 영향을 줄까요? 더 친해질 수 있다거나 두 나라 모두 돈을 잘 벌 수 있다는 등 좋은 점을 3가지 써 보세요.

11-2 우당탕 교과서 관련 단원: 6-2 우리나라와 가까운 나라들

비슷한데, 다른 것도 많아서 좋아

잠이 안 온다고? 할머니랑 일본에 갔던 이야기를 나눠 볼까?

도쿄에 갔을 때 기억나니? 도쿄 시내를 걷고 있는데 갑자기 커다란 소리가 들렸잖아. 그게 무슨 소리였는지 기억나? 우리는 화산이 폭발한 줄 알고 깜짝 놀랐었지. 다행히 화산이 폭발한 건 아니었어. 그랬으면 정말 위험했을 테니까. 하지만 땅이 흔들리는 건 느꼈지. 맞아. 지진이 일어났던 거야. 깜짝 놀란 우리와 달리 일본 사람들의 여유 있는 모습을 보고 신기했는데, 그때 가이드가 이야기해 줬던 말 기억하니? 일본에는 화산이 있고 지진도 자주 일어난다고. 일상적인 일이라 큰 지진이 아니면 일본 사람들은 놀라지 않고 차분하게 대비한다고 말이야. 그 모습이 참 인상적이었어.

우리나라는 화산이 없고, 지진도 자주 일어나지 않는다고? 맞아. 우리나라와 일본은 비슷한 점도 있지만 다른 점도 있어. 우리 손녀 참 똑똑하구나.

그것뿐만 아니지. 우리나라는 한글을 쓰지만 일본은 한자를 일부 변형해서 사용해. 그리고 젓가락 모양도 다르고 전통 옷과 집도 다르단다. 밥 먹을 때 젓가락이 비슷한 듯 달라서 한참 신기해했잖아. 일본 전통 집도 우리와 미묘하게 달라서 신기한 마음에 그 앞에서 사진도 찍었지. 온천에 갔을 때는 방 안에 돗자리와 비슷한 게 깔려 있어서 놀라기도 했었지? 그때 그 돗자리 이름이 뭐였더라…. 아, 그래, 다다미라고 불렀었어. 우리 꼬마가 그런 것도 다 기억하고 기특하네.

할머니는 신기했던 것 중 하나가 우리랑 비슷한 한자를 사용하고 있는 거였어. 읽을 수 있는 한자가 많아서 유럽이나 미국보다 한결 수월했단다. 할머니는 다음에도 우리와 가까이에 있어서 비슷한 점이 많이 있는 일본이나 중국에 여행을 가고 싶어.

할머니 이야기가 재미있었니? 이제 푹 자렴, 우리 꼬마. 내일도 또 재미있는 이야기를 들려줄게. 좋은 꿈 꾸렴. 사랑한다.

다다미가 깔린 일본 전통 가옥

교과서 톺아보기

1. 일본의 자연환경과 인문환경에 대해 정리해 보세요.

일본의 자연환경	- 남북으로 길어 북쪽과 남쪽의 기후 차이가 나타남 - 섬나라라 습하고 비와 눈이 많이 내림 - 영토 대부분이 산지 - (　　　　　) 활동이 활발, (　　　　　)이 자주 발생
일본의 인문환경	- 원료를 수입하여 물건을 만드는 제조업이 발달 - 원료 수입과 제품 수출에 유리한 태평양 연안을 따라 주요 도시와 공업 지역이 발달
우리나라와 일본의 비슷한 점	- (　　　　　)를 공통으로 사용함 - 식사할 때 (　　　　　)을 사용함
우리나라와 일본의 다른 점	- 우리나라는 한글을 쓰며 일본은 한자의 일부를 변형하여 일본 고유 글자와 함께 사용함 - 젓가락의 모양과 쓰인 재료가 다름 - 전통 옷, 전통 집에서 볼 수 있는 난방 시설이 다양함

생각해 볼까요?

2. 우리나라는 환경에 관한 회의를 할 때 중국이나 일본과 함께 모여 해요. 그 이유가 무엇인지 지리적인 위치와 관련해서 생각해 보세요.

11-3 생각 쑥쑥! 배경 지식을 넓혀라

일본 문화, 어떻게 생각해?

몇 년 전, 한국 대법원은 일본 기업들이 일제 강점기 동안 강제로 징용된 피해자들에게 배상해야 한다고 판결했어요. 그러자 일본은 이에 반발하며 한국에 대한 수출을 규제하고 '화이트리스트(수출 절차 간소화 대상국)'에서 제외했어요. 그래서 한국에서 일본 제품을 거부하는 불매 운동인 '노 재팬'이 시작되었어요.

이 운동은 일본의 경제 보복 조치에 대한 반발이자, 역사적 문제에 대한 한국 국민들의 감정적 표현이었어요. 하지만 시간이 지나면서 많은 한국 사람들, 특히 젊은 세대는 일본 문화를 다시 즐기기 시작했어요. 일본 영화와 음악이 흥행하면서, 사람들은 일본 문화를 다시 받아들였어요. 재미있고 공감이 되면 일본 문화를 즐기는 추세가 증가한 거예요.

우리에게 익숙한 일본의 스시

요즘 한국의 젊은 세대들은 일본 문화를 즐기는 데 거부감이 없어요. 한 조사에 따르면, 많은 젊은 사람들이 일본에 대해 긍정적인 인상을 갖고 있다고 답했어요. 일본과의 문화 교류가 두 나라 관계에 좋은 영향을 준다고 생각하는 사람들도 많아요. 과거의 역사적 갈등보다는 현재의 문화를 더 중요하게 생각하는 경향이 커진 거죠.

전문가들은 젊은 세대가 일본과 한국을 대등한 관계로 인식하기 때문에, 일본 문화를 자연스럽게 즐긴다고 분석해요. 과거의 아픈 역사보다는 현재의 즐거운 문화를 더 소중하게 생각하고, 일본 문화를 하나의 외국 문화로 받아들이는 거죠. 이런 변화는 두 나라가 서로의 문화를 더 많이 공유하고 이해하는 데 큰 도움이 돼요.

한국과 일본은 서로의 문화를 즐기고 교류하면서 더 가까워지고 있어요. 앞으로도 두 나라가 더 많은 문화를 공유하면, 좋은 관계를 유지할 거예요. 과거의 아픔을 잊어선 안 되지만, 현재와 미래를 위해 서로를 이해하고 존중하는 자세도 필요해요.

어휘 통통

1. 다음 단어와 뜻을 짝지어 보세요.

    ① 흥행 · 　　　　　　· ㉠ 요구 등을 받아들이지 않고 물리치는 것
    ② 거부 · 　　　　　　· ㉡ 서로 견주어 서로 비슷한 것
    ③ 대등 · 　　　　　　· ㉢ 공연 등이 상업적으로 큰 수익을 거둠

2. '노 재팬' 운동은 무엇과 관련이 있나요?

    ① 일본 영화 홍보 운동
    ② 일본 여행을 장려하는 운동
    ③ 일본 상품을 불매하는 운동
    ④ 일본 문화를 즐기기 위한 운동

생각해 볼까요?

3. 일본 제품을 거부하는 '노 재팬' 운동이 일어난 이유는 무엇인가요? 그리고 최근 일본 문화가 다시 인기를 얻게 된 이유는 무엇인가요? 몇 년 사이에 우리나라 사람들이 일본에 대한 태도가 달라진 이유가 무엇인지 내 생각을 써 보세요.

4. 우리나라의 문화 외에 다른 나라의 문화를 배우고 경험하면 어떤 점이 좋을까요? 그리고 그것이 우리에게 어떻게 도움이 될까요?

12-1 신기한 뉴스 키워드: 독도, 영유권, 영토

독도는 우리 땅

역사적으로 볼 때 독도는 오래전부터 한국의 영토예요. 하지만 일본은 독도가 자신들의 영토라고 주장해 왔어요.

일본은 독도를 '다케시마'라고 부르고 매년 2월 22일을 '다케시마의 날'로 정해 행사를 열고 있어요. 그런데 이 행사에 일본 정부 관계자가 참석해서 독도가 자신들의 영토라고 주장하고, 독도를 반환하라고 요구해서 논란이 일어났습니다.

독도는 한국 고유의 영토

1952년 우리나라 정부가 '인접 해양의 주권에 관한 대통령 선언'을 선포하자 일본 정부는 우리 정부에 항의했어요. 이때 독도에 대한 영유권 문제로 갈등이 불거졌어요. 이후 1965년 한일 기본조약 체결 등을 거치며 지속적인 갈등이 있었어요.

일본의 주장과 관계없이 한국 정부는 독도가 한국의 고유 영토라는 입장을 지키고 있습니다. 독도는 역사적으로도 한국의 영토였고, 지금도 실제로 한국이 지배하고 있어요. 국제 사회에서도 독도가 한국의 영토라고 인정하고 있고요.

독도 영유권 문제는 한국과 일본 간의 첨예한 갈등 요인이에요. 한국과 일본 간 외교적 노력을 통해 독도 문제에 대해 평화로운 해결책이 나오기를 기대합니다.

개념 어휘
1. 반환: 빌리거나 차지했던 것을 되돌려주는 것.
2. 요구: 받아야 할 것을 필요에 의해 달라고 청하는 것.
3. 선포: 세상에 널리 알리는 것.
4. 지배: 어떤 대상을 자기 의사대로 복종하게 하여 다스리는 것.
5. 첨예하다: 상황이나 사태 따위가 날카롭고 격하다.

정리해 볼까요?

1. 일본은 독도를 어떻게 부르며, 언제 '다케시마의 날'을 열고 있나요?

2. 1952년에 우리나라 정부가 선포한 선언의 이름은 무엇이고, 이 선언에 대해 일본 정부는 어떻게 반응했나요?

3. 국제 사회는 독도를 어느 나라의 영토라고 인정하고 있나요?

4. 문단별 내용 정리
   1문단 : 한국의 영토인 독도를 자신의 영토라 주장하는 일본
   2문단 :
   3문단 :
   4문단 :
   5문단 :

생각해 볼까요?

5. 독도 영유권 문제에 대해 한국과 일본이 외교적으로 평화롭게 해결할 방법은 없을까요? 두 나라가 할 수 있는 일은 무엇이 있을지 써 보세요.

12-2 우당탕 교과서 관련 단원: 5-1 우리 국토의 위치와 영역

우리나라는 어디쯤에 있지?

삼촌: 승윤아, 이 지구본 좀 봐. 여기서 우리나라는 어디에 있을까?

승윤: 잘 모르겠어요. 우리나라는 너무 조그만 것 같아요.

삼촌: 저런, 우리 국토인데, 사랑하고 아껴야지.

승윤: 국토요?

삼촌: 응, 우리가 사는 나라의 땅이자 터전을 국토라고 불러. 우리가 살아온 곳이고 앞으로도 살아갈 곳이지. 우리나라는 북위 33도에서 43도, 동경 124도에서 132도 사이에 있어. 지구 북반구의 중간 정도 위치고, 아시아 대륙의 동쪽에 있지.

승윤: 북위… 동경….

삼촌: 이런, 지난번에 말해 준 것 같은데 그새 까먹었구나? 사람들은 둥근 지구에 가상의 선을 그어서 위치를 나타내기로 약속했거든. 위도는 적도를 기준으로 위아래로 그어진 선을 말하는데, 북위는 위쪽으로 33번째 선이라고 생각하면 돼.

승윤: 아, 생각났어요. 세로 선이 동경이었어요. 여기 기준은 영국이죠? 우리나라가 기준이면 더 재미있을 텐데!

삼촌: 우리나라는 우리만의 특징을 가지고 있잖아. 우리나라가 반도 국가라는 건 알고 있지?

승윤: 아, 맞다. 수업 시간에 배웠어요. 삼면이 바다로 둘러싸인 반도 국가라서, 대륙과 바다로 나아가기 좋은 위치라고요. 그래서 바다로 나아가고 싶은 중국이랑 대륙으로 나아가고 싶은 일본이 우리나라를 호시탐탐 노렸다고 했어요.

삼촌: 그렇지. 그래서 중국이랑 일본의 침략을 많이 받았지. 거기에 북쪽으로는 몽골 같은 나라들이 바다와 농사지을 땅을 노리고 침략을 했어.

승윤: 우리나라는 정말 중요한 위치에 있는 거구나.

삼촌: 응, 그래서 우리 국토를 소중히 여겨야 해. 이를 위해서 우리는 뭘 할 수 있을까?

교과서 톺아보기

1. 우리 국토에 대해 정리해 보세요.

국토의 뜻	한 나라의 땅을 뜻하며 사람들이 살아가는 삶의 터전임
우리 국토의 위치	- 북위 33°-43°, 동경 124-132° 사이에 위치함 - 북반구의 (　　　　)에 위치함 - 아시아 대륙의 (　　　　)에 위치함 - 주변에 중국, 일본, 러시아, 몽골 등의 나라가 있으며, (　　　　)과 (　　　　) 사이에 위치함
우리 국토의 위치적 특성	- 삼면이 바다로 둘러싸인 (　　　　) 국가임 - 대륙과 해양으로 나아가기 좋은 위치에 있음

2. 우리나라가 중요한 위치에 있는 이유가 무엇인지 써 보세요.

3. 국토를 사랑하기 위해 할 수 있는 일로 알맞지 않은 것은 무엇일까요?
   ① 쓰레기를 줄이고 자연을 보호하기
   ② 국토의 역사를 배우고 기억하기
   ③ 국토를 소중히 여기지 않고 무시하기

생각해 볼까요?

4. 삼촌은 우리 국토를 더 잘 지키기 위해 할 수 있는 일이 무엇인지 승윤이에게 물었어요. 우리가 할 수 있는 방법을 생각해 보세요.

12-3 실력 쑥쑥! 어휘를 알려 줘

영토

영토는 섬을 포함한 한 나라의 땅으로 우리 국민의 삶의 터전이 되는 땅을 말해요. 우리나라의 영토는 한반도와 한반도에 속한 여러 섬인데, 동쪽 끝은 경상북도 울릉군 독도, 서쪽 끝은 평안북도 용천군 마안도, 남쪽 끝은 제주특별자치도 서귀포시 마라도, 북쪽 끝은 함경북도 온성군 유원진이에요.

영해

영해는 영토에 인접한 해역으로, 그 나라의 통치권이 미치는 범위를 말해요. 우리나라의 영해는 황해, 남해, 동해를 포함한 영토 주변 바다의 영역이에요. 서해안과 남해안은 섬이 많기 때문에, 가장 바깥에 위치한 섬들을 직선으로 연결한 선을 기준으로 해서 12해리까지 영해로 봐요. 동해안과 울릉도, 독도, 제주도는 썰물 때의 해안선을 기준으로 해서 12해리까지가 영해예요. 대한해협은 가장 바깥에 위치한 섬들을 직선으로 연결한 선을 기준으로 3해리까지가 영해예요.

영공

우리나라 영토와 영해 위의 수직으로 위에 있는 하늘의 범위는 영공이라고 해요. 보통 대기권 내로 한정해요.

어휘 통통

1. 영토에 인접한 해역을 무엇이라고 할까요?

2. '영토', '영해', '영공'이라는 말을 활용해서 짧은 글을 만들어 보세요.

   ....
   ....
   ....
   ....

3. '영토, 영해, 영공'을 읽고, 모르거나 어려운 단어가 있다면 국어사전에서 단어의 뜻을 찾아보세요.

   ① 모르는 단어:
      뜻:
   ② 모르는 단어:
      뜻:

생각해 볼까요?

4. 우리나라의 영토, 영해, 영공을 지키는 것은 왜 중요할까요? 그 이유를 생각해 보고, 우리가 할 수 있는 일에 대해 적어 보세요.

13-1 신기한 뉴스   키워드: 아빠, 육아 휴직, 성평등

아빠의 육아 휴직 시대

출산율이 계속 낮아지자 정부와 기업들이 다양한 노력을 하고 있는데요, 그중 아빠의 육아 휴직 제도가 주목받고 있어요. 현재 남녀고용평등법에 따르면 배우자의 출산 휴가는 10일입니다. 하지만 이를 더 늘려야 한다는 목소리가 높아지고 있죠.

정부는 육아 휴직 급여 체계를 개선하려고 하고 있어요. 현재 육아 휴직 급여는 월 통상 임금의 80%(상한 150만 원)만큼 지원되고 있는데, 이를 상한 210만 원까지 올리는 방안을 검토 중입니다. 육아 휴직자들의 생활을 더 잘 지원하기 위해서이죠. 또 남성의 육아 참여를 높이기 위해 여러 가지 방법을 고민하고 있어요. 남성의 육아 휴직을 의무화하거나, 기업이 재택근무나 유연근무제 등을 도입할 경우 혜택을 주는 방법도 검토 중이에요.

2022년 태어난 아이의 경우, 부모의 육아 휴직 사용률은 30.2%에 불과하다고 해요. 특히 아빠의 사용률은 6.8%에 그쳐 엄마(70%)와 큰 차이를 보이고 있죠. 정부는 각계 대표와 전문가로 구성된 모임을 통해 육아 휴직 사용을 힘들게 하는 이유를 파악하고 해결 방안을 모색할 예정입니다.

전문가들은 출산율 회복을 위해서는 공공기관부터 성평등한 문화가 정착되어야 한다고 조언해요. 근로자들이 법적으로 보장된 제도를 충분히 활용할 수 있도록 회사 분위기 변화를 주도해야 한다는 것이죠. 이를 뒷받침하기 위한 제도적, 재정적 지원이 필요해요.

개념 어휘
1. 체계: 일정한 원리에 따라 부분이 짜임새 있게 조직된 전체.
2. 개선: 잘못되거나 부족한 것, 나쁜 것 따위를 고쳐 더 좋게 만드는 것.
3. 검토: 어떤 사실이나 내용을 분석하여 따지는 것.
4. 모색: 일이나 사건을 해결할 수 있는 방법이나 실마리를 찾는 것.
5. 주도: 중심이 되어서 이끄는 것.

정리해 볼까요?

1. 아빠의 출산 휴가는 현재 며칠인가요?

2. 정부가 아빠의 육아 휴직을 위해서 육아 휴직 급여 체계를 개선하려는 3가지 방법을 써 보세요.
   ① 육아 휴직 급여를 월 (   )까지 올리는 것
   ② 남성의 육아 휴직 (   )방안 검토
   ③ 재택근무, 유연근무제 등을 도입할 경우 혜택 제공

3. 문단별 내용 정리
   1문단 : 출산율 증가를 위한 정부와 기업의 노력
   2문단 :
   3문단 :
   4문단 :

생각해 볼까요?

4. 육아 휴직 제도에 대해 어떻게 생각하나요? 아빠의 육아 휴직을 잘 사용하려면 우리 사회의 분위기가 어떻게 바뀌어야 할지 적어 보세요.

집안일, 어떻게 나눌까?

소희에게

소희야, 안녕? 오늘도 행복한 하루를 보내고 있니?

나는 오늘 우리 가족의 변화 모습에 대해 생각해 봤어. 사회 시간에 옛날 가족들의 모습에 대해 배웠거든. 지금이랑 달라서 참 신기했어.

옛날에는 가족 구성원의 역할이 정해져 있었대. 남자들은 주로 농사일이나 바깥일을 했고, 여자들은 집안일과 아이 돌봄을 담당했대. 그리고 남자아이는 공부를, 여자아이는 집안일을 배웠대. 나처럼 공부를 하고 싶어도 여자아이는 공부를 배우지 못했대. 그 말을 들은 민호는 자기는 요리를 좋아하는데, 옛날에 태어났으면 요리도 할 수 없었던 거냐며 울먹여서 다들 웃었어.

하지만 요즘에는 많이 달라졌대. 부모님 모두가 일하는 맞벌이 가정이 늘어났고, 부모님이 함께 자녀를 돌보고 가족 구성원 모두가 집안일을 나누게 되었대.

이렇게 변화한 이유는 남녀 모두가 교육과 사회 활동의 기회가 동등해졌고 남녀평등에 대한 의식이 높아졌기 때문이래. 우리 가족의 모습도 비슷한 것 같아. 엄마와 아빠는 함께 일하시고, 나와 동생도 집안일을 함께 나누거든. 서로를 배려하고 존중하며 살고 있어. 가끔 갈등이 생기지만, 서로의 마음을 이해하려고 노력해.

오늘은 우리 가족이 다 함께 저녁을 준비했어. 엄마는 요리를, 아빠는 설거지를, 나와 동생은 식탁 정리를 했어. 우리 가족은 이렇게 서로 협력하며 행복한 시간을 보내고 있단다. 저번에 소희 너희 집에 놀러 갔을 때도 비슷한 모습이었던 것 같아. 나는 이런 우리 모습이 참 좋아.

앞으로도 가족끼리 서로 행복하게 배려하면서 살았으면 좋겠어.

그때까지 소희 너도 잘 지내고, 다음에 만나서 이야기를 또 나누자.

안녕.

민이가

교과서 톺아보기

1. 우리나라 가족 구성원이 어떻게 변화했는지 정리해 보세요.

가족 구성원의 역할 변화	옛날 가족의 모습	- 농사를 짓는 등 바깥일은 주로 (　　　　　)가 함 - 아이를 돌보거나 집안일은 주로 (　　　　　)가 함 - 남자아이는 글공부를 하고, 여자아이는 집안일을 도움
	오늘날 가족의 모습	- 부모 모두 일하는 (　　　　　)부부가 많음 - 부모가 함께 자녀를 돌보고, 가족 구성원이 모두 역할을 나눠 집안일을 함
가족 구성원의 역할이 달라진 까닭		- 남녀 모두 (　　　　　)받을 기회가 동등해졌기 때문임 - 남녀 모두 (　　　　　)의 기회가 동등해졌기 때문임 - 남녀가 평등하다는 의식이 높아졌기 때문임

2. 바람직한 가족 구성원의 역할에 대해 정리해 보세요.

　① 자신의 역할을 잘 알고 실천함
　② 서로를 (　　　　　)하고 (　　　　　)하는 마음으로 생활해야 함
　③ 집안일을 (　　　　　)해서 해야 함
　④ 갈등이 있을 때는 상대의 마음을 이해하려 노력해야 함

생각해 볼까요?

3. 가족 구성원의 역할은 시대에 따라 변했어요. 옛날에는 남녀의 역할이 뚜렷하게 구분되어 있었지만, 오늘날은 그 경계가 흐려지고 있죠. 우리 가족이 어떻게 서로를 배려하고 존중하고 있는지 예를 들어서 이야기해 보세요.

13-3 생각 쑥쑥! 배경 지식을 넓혀라

일하면서 가정 돌보기, 쉽지 않네

요즘에는 여성들이 사회에 더 많이 진출하면서 직장에서 일하는 엄마들이 늘어나고 있어요. 그런데 직장에서 일하는 엄마들은 집에서도 아이를 돌보고 집안일을 해야 하는 이중의 부담을 가지고 있는 경우가 많아요. 그래서 일과 육아를 다 유지하기 힘들죠.

정부와 기업에서는 이런 일과 육아의 문제를 해결하기 위해 다양한 정책과 제도를 만들고 있어요. 예를 들어 직장에서 육아 휴직을 제공하거나 어린이집을 운영하는 등의 노력을 하고 있지요. 하지만 아직까지는 이런 제도들이 잘 지켜지지 않는 경우가 더 많아요.

요즘에는 할머니와 할아버지들이 손자녀를 돌보는 경우가 많다 보니 신조어도 등장했어요. 이런 할머니들을 '할마'라고 하고, 손자녀를 돌보느라 지치는 것을 '손주병'이라고 한다고 해요. 그러나 언제까지 할머니와 할아버지에게 도움을 받을 수는 없지요. 엄마와 아빠, 그리고 자녀들도 가정에서 역할을 함께 나눠야 해요. 아이들이 집안일을 돕거나 가족 모임을 함께 가지는 등의 방법으로 가족 모두가 협력해야 해요.

또 사회적으로도 일-가정 양립을 돕는 인프라를 더 많이 만들어야 해요. 어린이집이나 방과 후 학교 등의 보육 시설을 늘리고, 직장에서도 육아 휴직 제도를 더 잘 지켜야 하죠. 이렇게 가족과 사회가 함께 노력한다면 엄마들이 일과 가정을 모두 잘 해낼 수 있을 거예요.

일-가정 양립 문제는 쉽게 해결되기 어려운 과제예요. 하지만 가족과 사회가 힘을 합치면 할 수 있을 거예요. 우리 모두가 협력하여 이 문제를 해결해 나가면 좋겠어요.

어휘 통통

1. 다음 단어의 뜻을 보고, 비슷한 말에 모두 ◯ 해 보세요.

> 진출: 어떤 방면으로 활동 범위나 세력을 넓혀 나아감

　　전진　　　돌입　　　돈　　　판매　　　진입

2. '진출'이라는 말을 활용해서 짧은 글을 만들어 보세요.

3. 다음 단어와 뜻을 짝지어 보세요.
   ① 부담 ·　　　　　　　· ㉠ 두 가지가 동시에 따로 성립하는 것
   ② 협력 ·　　　　　　　· ㉡ 어떠한 의무나 책임을 지는 것
   ③ 양립 ·　　　　　　　· ㉢ 힘을 합쳐 서로 돕는 것

4. 이 글을 읽고, 모르거나 어려운 단어가 있다면 국어사전에서 단어의 뜻을 찾아보세요.
   ① 모르는 단어:
   　뜻:
   ② 모르는 단어:
   　뜻:

14-1 신기한 뉴스   키워드: 문화유산, 복원

경복궁 담장 지킨 과학자들

조선 시대의 중요한 문화유산인 경복궁 담벼락에 누군가 스프레이로 낙서를 했어요. 이를 지우기 위해 과학자들이 복원 작업을 했습니다.

복원 작업은 쉽지 않았어요. 추운 겨울에 낙서를 지우려니 더 어려웠지요. 과학자들은 여러 궁리 끝에 새로운 방법을 사용했어요. 먼저, '블라스팅'이라는 방법으로 오염물을 물리적으로 제거하고, 그다음에 화학 약품을 사용해 남은 스프레이를 없앤 겁니다. '젤란검'이라는 특별한 물질도 사용했는데, 이 물질은 화학 약품이나 오염물을 남기지 않아 효과적이었어요.

경복궁 담

복원을 위해 과학자들은 다양한 기술과 장비를 사용해요. X선 촬영과 컴퓨터단층촬영(CT)으로 문화재의 내부 구조를 알아내고, 전자현미경으로 작은 부분까지 자세히 관찰하기도 합니다. 이런 과학 장비들은 문화재를 안전하게 복원하는 데 큰 도움이 돼요.

또한 문화재를 지키려면 화학적 지식이 매우 중요해요. 문화재를 구성하는 재료의 특성을 이해하고, 부식 방지와 재질 강화를 위해 화학 지식을 활용하기 때문이에요. 금속 문화재는 시간이 지나면서 부식되는데, 화학 지식을 사용해 이를 막기도 합니다.

하지만 가장 좋은 것은 문화재가 훼손되지 않는 것이에요. 문화재는 우리 모두의 소중한 자산이기 때문에 조심히 다뤄야 해요.

개념 어휘

1. 복원: 원래대로 회복함.
2. 부식: 썩어서 문드러짐.
3. 훼손: 헐거나 깨뜨려 못 쓰게 만듦.

정리해 볼까요?

1. 경복궁 담벼락에 누군가 한 낙서를 지우기 위해 사용한 특별한 물질은 무엇인가요? 그리고 그 물질의 좋은 점은 무엇인가요?

   특별한 물질:
   좋은 점:

2. 문화재를 지키기 위해 중요한 지식이 무엇인지 찾아보세요.

3. 문단별 내용 정리
   1문단 : 경복궁 담벼락에 스프레이 복원 작업 시작
   2문단 :
   3문단 :
   4문단 :
   5문단 :

생각해 볼까요?

4. 문화재에는 우리 민족의 문화가 담겨 있어요. 어떻게 하면 우리의 문화재를 잘 보존할 수 있을까요? 문화재를 보존할 수 있는 방법 3가지를 써 보세요.

14-2 우당탕 교과서 관련 단원: 5-2 민족 문화를 지켜나간 조선

상상 인터뷰 문화 발전을 이끈 세종대왕을 만나다

혜림: 안녕하세요? 만나 뵙고 싶었어요. 인터뷰에 응해 주셔서 감사합니다.

세종대왕: 그래. 만나서 반갑구나. 나도 현대 어린이들이 궁금했단다.

혜림: 스스로 생각하시는 가장 큰 업적은 무엇인가요?

세종대왕: 내 생각에 나의 가장 큰 업적은 훈민정음의 창제일 것 같구나. 훈민정음은 백성들이 쉽게 배워서 쓸 수 있도록 만든 우리나라 고유의 문자이니라. 당시 많은 백성이 한자를 몰라서 글을 읽거나 쓸 수 없었는데, 훈민정음 덕분에 누구나 쉽게 글을 배울 수 있게 되었지.

혜림: 훈민정음을 만들게 된 특별한 이유가 있나요?

세종대왕: 백성들이 글을 몰라서 겪는 어려움을 덜어 주고 싶었다. 어려운 한자 대신, 누구나 쉽게 배우고 사용할 수 있는 문자가 필요했지. 그래서 우리나라 말소리를 정확히 표현할 수 있는 훈민정음을 만들었단다.

혜림: 과학 기구들도 많이 발명하셨다고 들었어요.

세종대왕: 맞다. 우리가 만든 측우기, 앙부일구, 간의 같은 기구들은 우리나라의 기후와 천문을 더 잘 관측할 수 있게 해 주었지. 그래서 농업과 여러 분야에서 큰 발전을 이룰 수 있었느니라.

혜림: 정말 대단하세요. 책도 많이 펴내셨잖아요.

세종대왕: 그렇지. 『농사직설』, 『칠정산』, 『향약집성방』 같은 책들을 펴내서 농업, 역법, 의학 등 다양한 분야에서 백성들에게 도움을 주었단다. 우리나라 실정에 맞는 지식으로 백성들이 더 나은 삶을 살도록 노력했지.

혜림: 역시 '대왕'이라는 호칭이 어울리세요. 감사합니다, 세종대왕님!

세종대왕: 천만에. 나도 현대 어린이를 만나 반가웠다. 이런 문화를 소중히 여기고 발전시켜 나가거라.

교과서 톺아보기

1. 세종대왕의 문화 발전 업적에 대해 정리해 보세요.

과학 기구 발명		측우기, 앙부일구, 간의
서적 편찬	( )	우리나라의 풍토에 맞는 농사짓는 방법을 소개한 책
	칠정산	외국의 사례를 연구비교하여 한양을 기준으로 우리나라의 실정에 맞게 만든 역법
	향약집성방	우리나라의 풍토에 알맞은 치료법과 우리나라에서 나는 약재를 소개한 책
( ) 창제		- 백성이 글자를 몰라 생활 속에서 겪는 어려움을 덜어 주기 위해 만듦 - 읽고 쓰기 편리하고, 대부분의 소리를 표현할 수 있음

생각해 볼까요?

2. 세종대왕의 여러 업적 중에서 가장 마음에 드는 것을 고른 뒤, 그 업적이 백성들의 삶을 얼마나 어떻게 좋게 했는지 생각해 보세요. 백성의 입장에서 일기를 써 봅시다.

3. 인터뷰에서 보는 것처럼 세종대왕은 백성들의 삶을 위해 많은 노력을 했어요. 만일 내가 조선시대 왕이라면 백성들이 잘 살 수 있도록 어떻게 할 것인지 계획을 세워 보세요.

14-3 생각 쑥쑥! 배경 지식을 넓혀라

전통문화, 어디까지 그대로 둬야 할까

우리나라의 전통문화는 오랜 역사 속에서 발전해 왔지만, 최근 들어 새로운 변화를 겪고 있어요. 1986년 아시안게임과 1988년 서울올림픽을 계기로 국제 교류가 늘어나면서 전통문화의 현대화와 세계화가 시작되었어요. 또 2000년대 이후 한류 열풍이 일면서 우리 문화에 대한 관심이 높아졌죠.

이에 따라 전통 한옥이 현대적으로 변화했고, 종가 음식이나 태권도 등 다양한 전통문화가 새로운 모습으로 재탄생하고 있어요. 특히 한복을 입으면 고궁에 무료로 들어갈 수 있는 혜택은 우리 전통문화를 알리는 데 큰 도움이 되었어요. 이처럼 전통문화의 현대화와 세계화는 긍정적인 효과를 내고 있어요.

한복을 입고 무료로 궁을 관람하는 사람들

하지만 이 과정에서 전통문화의 정체성이 훼손될 수 있다는 우려도 있어요. 퓨전 한복이나 상업화된 전통문화 등이 그 예라고 할 수 있죠. 이에 대해 전문가들은 전통문화의 원형을 지키면서도 변화와 발전을 수용해야 한다고 말해요.

전통문화의 현대화와 세계화는 우리 문화를 더 많은 사람들과 공유하고 발전시키는 기회가 될 수 있어요. 하지만 이 과정에서 전통문화의 정체성을 지키는 것도 중요해요. 우리 고유의 전통을 잘 보존하면서도 변화를 수용할 수 있도록 균형을 잡아야 해요.

최근에는 전통문화를 현대적으로 재해석하려는 노력도 있어요. 문화역서울 284에서 열린 '2023 뉴트로 페스티벌 오늘전통'은 전통문화를 세련된 방식으로 표현해 감동을 주었어요. 전통문화의 현대화와 세계화는 우리 문화를 더 많은 사람들에게 알리고 발전시키는 기회가 될 수 있어요. 하지만 전통문화의 정체성을 지키는 것도 중요한 과제라고 할 수 있겠네요.

어휘 통통

1. 다음 단어의 뜻을 보고, 각 단어에 알맞은 뜻의 부호를 써 보세요.

(ㄱ) 의복, 모자, 신발, 액세서리 따위를 입거나, 쓰거나, 신거나 차거나 함
(ㄴ) 더 낫고 좋은 상태나 더 높은 단계로 나아감
(ㄷ) 대상이 인간과의 관계에 의해 지니는 중요성
(ㄹ) 어떤 목적을 지닌 행위로 드러나는 보람이나 좋은 결과
(ㅁ) 본디의 꼴
(ㅂ) 두 사람 이상이 한 물건을 공동으로 소유함
(ㅅ) 어떤 일이 일어나거나 변화하도록 만드는 결정적인 원인이나 기회
(ㅇ) 체면이나 명예를 손상함
(ㅈ) 어느 한쪽으로 기울거나 치우치지 아니하고 고른 상태
(ㅊ) 사물의 성질, 모양, 상태 따위가 바뀌어 달라지는 것

① 변화　　② 계기　　③ 착용　　④ 효과　　⑤ 훼손

⑥ 원형　　⑦ 발전　　⑧ 공유　　⑨ 균형　　⑩ 가치

생각해 볼까요?

2. 이 글을 읽고, 현대 사회의 편리함은 그대로 갖고 있으면서 전통문화의 정체성을 보존하려면 어떻게 해야 할지 자신의 생각을 정리해 보세요.

15-1 신기한 뉴스 키워드: 지구촌, 크림반도, 전쟁과 평화

러시아와 우크라이나의 전쟁

이 전쟁은 2014년 러시아가 우크라이나의 크림반도를 합병하면서 시작되었어요. 그 후 2022년 2월 24일 러시아가 우크라이나를 전면 침공하면서 전쟁이 본격화되었죠.

어떻게 된 것인지 살펴볼까요? 2014년 러시아가 우크라이나의 크림반도를 합병하자, 동부 돈바스 지역에

러우전쟁으로 인해 파괴된 비행장

서 친러시아 분리주의자들과 우크라이나 정부군 간 무력 충돌이 발생했어요. 2022년 2월, 러시아가 우크라이나 수도 키이우 등 주요 도시를 공격한 것이지요. 이후 전쟁은 서로 이기고 지기를 반복하며 계속 이어지고 있어요. 3월에는 러시아군이 키이우 공격 실패로 북부 지역에서 철수하고, 동부와 남부 지역 공세에 집중했어요. 9월에는 우크라이나군이 동부 지역에서 대규모 반격에 성공했고 러시아군이 후퇴했지요. 11월에는 러시아군이 우크라이나 남부 도시 흐르니우스크를 탈환했어요. 2023년 1월에는 우크라이나군이 동부 솔레다르를 탈환했고 여전히 전쟁 중이에요.

이 전쟁으로 인해 수많은 민간인 사상자가 발생했어요. 수백만 명의 우크라이나 국민이 피난길에 올랐고, 세계 경제에도 혼란을 초래했죠.

우크라이나 국민들은 자국의 영토와 자유를 지키기 위해 목숨을 걸고 러시아와 싸우고 있어요. 한편 러시아는 큰 손실을 입었지만, 여전히 우크라이나 점령을 포기하지 않고 있어요. 이 전쟁은 아직 끝나지 않았으며, 앞으로 어떻게 될지 지켜봐야 할 것 같습니다.

개념 어휘

1. 합병: 둘 이상의 기구나 단체, 나라 따위가 하나로 합쳐지는 것.
2. 전면: 모든 면.
3. 침공: 다른 나라를 침범하여 공격하는 것.
4. 철수: 진출하였던 곳에서 시설이나 장비 등을 거두어서 물러나는 것.

정리해 볼까요?

1. 러시아와 우크라이나 전쟁을 시간별로 정리해 보세요.
   - 2014년: 러시아가 우크라이나의 (　　　　　　) 합병. 동부 돈바스 지역에서 친러시아 분리주의자들과 우크라이나 정부군 간 무력 충돌 발생
   - 2022년 2월: 러시아가 (　　　　　　) 전면 침공 (수도 키이우 등 주요 도시 공격)
   - 2022년 3월: 러시아군의 키이우 공격 (　　　　　　) (북부 지역에서 철수), 동부와 남부 지역 공세 집중
   - 2022년 9월: (　　　　　　) 군, 동부 지역에서 대규모 반격에 성공, 러시아군 후퇴
   - 2022년 11월: 러시아군, 우크라이나 남부 도시 (　　　　　　) 탈환
   - 2023년 1월: 우크라이나군 동부 (　　　　　　) 탈환

2. 문단별 내용 정리

   1문단: 러시아와 우크라이나 전쟁의 시작
   2문단:
   3문단:
   4문단:

생각해 볼까요?

3. 러시아와 우크라이나의 전쟁은 왜 생긴 것일까요? 전쟁이 일어나는 원인을 생각해 보고 전쟁이 일어나지 않기 위해서는 어떻게 해야 할지 적어 보세요.

15-2 우당탕 교과서   관련 단원: 6-2 지구촌의 평화와 발전

2차 탐사대가 보낸 지구 분석 보고서

1차 탐사 이후 지구의 환경이 급격히 바뀐 관계로, 지구와의 교류에 변수가 될 사항을 정리하여 다음과 같이 보고합니다.

I. 현재 문제점과 이유 분석
1. **지구촌 갈등과 전쟁이 급격히 심화됨** 2022년 우크라이나와 러시아 전쟁 발발 | 2023년 이스라엘과 팔레스타인 전쟁 발발
2. **지구촌 갈등이 계속되는 까닭** 역사적으로 갈등이 너무 쌓여서 화해가 쉽지 않음 | 강대국이 잘못을 책임지지 않고 어려운 나라를 이용함 | 다양한 사람들이 자기 이익을 먼저 생각함

II. 변화 가능성
1. **국제기구** 국제 연합을 통해서 전쟁을 방지하고 평화를 유지하려고 노력하고 있음.
2. **나라별 노력** 봉사 활동과 평화 유지군 파견
3. **비정부 기구와 영향력 있는 개인의 노력** 국경 없는 의사회, 그린피스, 세이브 더 칠드런 등 여러 비정부 기구와 넬슨 만델라나 이태석 신부 같은 영향력 있는 개인들의 노력

III. 지구별 생존 가능성에 대한 분석
1. **평화 시나리오** 기후 위기에 집중 가능하므로 지구별 생존 가능성 100%로 추정
2. **전쟁 시나리오** 기후 위기에 대응 불가. 지구별 생존 가능성 5%로 추정

IV. 결론
현재 지구를 뒤덮고 있는 전쟁과 갈등이 해결되어야만, 지구별의 생존 가능성이 있다고 판단됨.

교과서 톺아보기

1. 지구촌 문제에 대해 정리해 보세요.

지구촌 갈등이 계속되는 까닭	- 역사적으로 오랫동안 쌓인 갈등이 커서 화해하려는 의지가 없어서 - 강대국이 과거의 잘못을 책임지지 않고 오히려 어려운 나라를 이용해 이익을 얻으려 해서 - 다양한 사람들이 서로 다른 생각을 하고 자기 이익을 먼저 생각해서
(　　　)의 노력	국제 연합은 지구촌의 평화 유지, 전쟁 방지, 국제 협력 활동을 하는 대표적인 국제기구
(　　　)의 노력	일부 나라들은 지구촌 평화를 위해 어려움을 겪고 있는 나라에 봉사 활동을 가거나 평화 유지군을 파견하는 등의 노력을 함
(　　　)의 노력	국경없는 의사회, 그린피스, 세이브 더 칠드런, 핵무기 폐기 국제 운동, 해비타트, 지뢰 금지 국제 운동 등은 지구촌 평화와 발전을 위해 다양한 분야에서 활동
(　　　)의 노력	넬슨 만델라, 이태석 신부, 말랄라 유사프자이 등은 지구촌 갈등 해결을 위해 노력

생각해 볼까요?

2. 우리나라와 여러 비정부 기구들이 지구촌의 평화를 위해 어떤 노력을 하고 있는지 좀 더 조사한 뒤, 우리가 일상생활에서 평화를 위해 할 수 있는 일에 대해 써 보세요.

15-3 생각 쑥쑥! 배경 지식을 넓혀라

또 다른 전쟁, 이스라엘과 팔레스타인

이스라엘과 팔레스타인의 갈등이 75년째 이어지고 있다는 걸 알고 있나요?

1차 세계 대전에서 오스만 제국이 패망하고 '팔레스타인'으로 알려진 지역을 영국이 장악했어요. 당시 이곳에는 대부분 아랍인이 살고 있었고, 유대인은 소수였어요.

그 뒤 국제사회가 이 땅에 유대인들을 위한 '고국'을 만들자고 했어요. 유대인에게는 조상의 땅이었지만 아랍인들은 자신들이 살고 있는 땅이라고 하며 반대했지요. 그러자 유엔은 이곳을 유대인 구역과 팔레스타인 구역으로 분할해 나라를 세우자고 제안했어요.

1948년에 이스라엘이 건국을 선포했지만 팔레스타인과 주변 아랍 국가들은 동의하지 않았습니다. 이스라엘 건국 선포 다음 날 아랍 국가들이 이스라엘을 공격했고, 이스라엘과 아랍 국가 사이에 전쟁이 발생했어요.

이들은 계속 이스라엘에 저항했고, 테러와 보복 공격의 악순환이 이어졌어요. 결국 팔레스타인 사람들은 가자지구, 요르단, 시리아, 레바논 등에 흩어져 살게 되었지요.

평화를 위한 여러 노력이 있었지만 그것이 쉽지는 않아 보여요. 팔레스타인 난민 처리부터 이스라엘이 점령 중인 요르단강 서안지구의 유대인 정착촌 잔류 문제 등 서로 합의하지 못하고 있는 수많은 문제가 남아 있거든요.

이 갈등은 쉽게 해결되지 않을 것 같아요. 2020년 도널드 트럼프 대통령이 중동 평화안을 내놓았지만, 팔레스타인이 그것이 한쪽에 치우쳤다며 거부했고 중동 평화안은 실행되지 못했어요. 어떤 평화 협정이든 이스라엘과 팔레스타인 모두의 동의를 얻어야 해요. 그때까지 양쪽의 갈등은 이어지며, 쉽게 해결하기 어려울 것으로 보여요.

어휘 통통

1. 다음 단어와 뜻을 짝지어 보세요.

   ① 패망 ·   · ㉠ 나누어 쪼개는 것
   ② 장악 ·   · ㉡ 무엇을 마음대로 할 수 있는 것
   ③ 분할 ·   · ㉢ 서로 의견이 일치하는 것
   ④ 저항 ·   · ㉣ 어떤 장소를 차지하여 자리를 잡는 것
   ⑤ 점령 ·   · ㉤ 어떤 힘이나 조건에 굽히지 않고 버티는 것
   ⑥ 합의 ·   · ㉥ 싸움에 져서 망하는 것

2. '선포'와 비슷한 뜻을 찾아보세요.

   | 공포 | 약속 | 선언 | 공고 | 선전 | 성명 |

3. 이 글을 읽고 이스라엘과 팔레스타인의 갈등을 정리해 보세요.

   팔레스타인 지역을 (　　　　)이 장악함
   ⬇
   팔레스타인에 (　　　　)을 위한 (　　　　)을 만들기로 함
   ⬇
   (　　　　)이 반대함
   ⬇
   유엔이 (　　　　) 구역과 팔레스타인 구역으로 나눠서 나라를 세우자고 제안
   ⬇
   이스라엘이 (　　　　) 선포
   ⬇
   이스라엘과 아랍 국가 사이에 (　　　　) 발생

103

16-1 신기한 뉴스   키워드: 1인 가구, 가족의 형태

'나혼산 족'이 점점 늘어나고 있어

우리나라에서 1인 가구가 급격히 늘어나고 있어요. 작년 기준으로 1인 가구가 972만 4천 가구에 이르러 전체 가구의 41%를 차지했어요. 이는 10년 전보다 40% 이상 늘어난 수치라고 해요.

1인 가구가 늘어나는 이유는 젊은 층부터 노인층까지 다양합니다. 젊은 층에서는 결혼과 출산을 미루거나 포기하는 경향이 있고, 노년층에는 배우자 사망이나 이혼 등으로 혼자 살게 되는 경우가 많아요. 또 도시화와 개인주의 확산 등 사회적 변화도 1인 가구에 영향을 미칩니다.

1인 가구가 늘어나면서 사회적으로 많은 변화가 일어나고 있어요. 긍정적인 면도 있지만, 부정적인 면도 있죠. 혼자 살면서 겪는 외로움과 사회적 고립, 경제적 어려움 등이 문제로 이야기되고 있어요. 특히 노인 1인 가구의 경우 빈곤율이 72.1%에 달할 정도로 어렵다고 해요.

그러다 보니 정부와 지자체에서는 1인 가구를 위한 다양한 정책을 마련하고 있어요. 서울시의 경우에는 '1인 가구 안심특별시' 조성을 위해 건강, 범죄, 고립, 주거 등 4대 분야에서 지원 프로그램을 운영하고 있죠.

앞으로도 1인 가구는 계속 늘어날 것으로 예상됩니다. 연령대별로는 20대와 70대 이상에서 1인 가구 비율이 높게 나타나고 있어요. 우리 사회가 이들의 특성과 필요를 잘 이해하고 맞춤형 지원을 제공할 수 있도록 노력해야 해요.

개념 어휘
1. 경향: 현상이나 사상, 행동 따위가 어떤 방향으로 기울어지는 것.
2. 고립: 다른 사람과 어울려 사귀지 않거나 다른 사람의 도움을 받지 못해 외따로 떨어지는 것.
3. 빈곤: 가난하여 살기가 어려운 것.
4. 정책: 정치적 목적을 실현하기 위한 방책.
5. 제공: 무엇을 내주거나 갖다 바치는 것.

정리해 볼까요?

1. 젊은 층과 노년층에서 1인 가구가 되는 이유를 정리해 보세요.

    젊은 층: (   )과 (   )을 미루거나 포기하는 경향

    노년층: 배우자 (   )이나 (   ) 등

2. 1인 가구 증가로 생기는 부정적인 면을 3가지 찾아서 쓰세요.

    ① (   )

    ② 사회적 (   )

    ③ (   )어려움

3. 문단별 내용 정리

    1문단 : 우리나라 1인 가구 증가

    2문단 :

    3문단 :

    4문단 :

    5문단 :

생각해 볼까요?

4. 우리나라에서 1인 가구가 점점 늘어나는 이유는 뭐라고 생각하나요? 그리고 1인 가구를 위해 우리 사회는 어떤 노력을 해야 하나요?

16-2 우당탕 교과서   단원: 3-2 다양한 가족이 살아가는 모습

가족의 형태에 대한 현우의 일기

20○○년 ○○월 ○○일 ○요일   날씨: 맑았다가 흐림

  오늘 사회 수업 시간에 가족의 형태에 대해 배웠다. 우리 사회에는 정말 다양한 형태의 가족이 있다고 했다. 아이가 부모님 중 한 분과 사는 가족, 할머니나 할아버지와 함께 사는 가족, 피부색이나 태어난 나라가 다른 가족 등 가족을 이루는 구성원은 비슷할 수도 있고 다를 수도 있다.

  나는 부모님과 함께 살고 있어서 다 그런 줄 알았는데, 우리 반에도 다양한 형태의 가족이 있었다. 소민이는 엄마랑 살고 있다고 했다. 그러자 지수는 강아지가 자기 동생이라고 했다. 나도 집에서 키우는 앵무새 루나를 가족으로 생각하고 있었지만, 그 얘기를 들은 친구들이 막 웃어서 가만히 있었다. 그러자 선생님은 요즘에는 반려동물을 가족 구성원으로 생각하며 사는 사람들이 늘었다고 했다. 심지어 인공지능이 발달하게 되면서 로봇을 아끼고 사랑하면서 함께 사는 사람들도 있다고 했다. 그러면서 어떤 영화 얘기를 해 주셨다.

  기술이 발달해서 사람처럼 생각하고 말하고 행동하는 로봇을 만들 수 있게 된 미래에, 한 회사가 어린 아이 모습의 로봇을 만들기 시작했다. 그리곤 아이를 원하는 부모에게 로봇 아이를 입양 보냈다. 그 부모는 원래 아이가 있었는데 사고를 당해서 오랫동안 의식이 없는 상황이었다. 그래서 슬프고 괴로운 현실을 잊기 위해 로봇 아이를 입양한 것이었다. 그래서일까? 원래 아이가 의식을 되찾자 부모는 로봇 아이를 버리고 말았다.

  너무 슬픈 이야기였다. 그러면서 어디까지가 가족일까 좀 더 생각해 보게 되었다. 나중엔 지금과는 또 다른 가족의 형태도 생기지 않을까? 가족은 정말 특별한 존재다. 서로를 이해하고 존중하면서 행복하게 살아가는 게 가장 중요한 것 같다.

교과서 톺아보기

1. 우리 사회의 가족 형태에 대해 정리해 보세요.
   - 우리 사회에는 여러 가지 형태의 가족이 있음
   - 함께 살아가는 (　　　　　　　　)이 비슷하기도 하고 다르기도 함

2. 글 속에 나오지 않는 다양한 가족 형태를 좀 더 조사해 적어 보세요.
   - 아이가 부모님 중 한 분과 함께 사는 가족
   - 아이가 할머니나 할아버지와 함께 사는 가족
   - 피부색이나 태어난 나라가 서로 다른 가족
   - ……………………………………………………………

3. 사회가 변화하면서 더욱 다양해진 가족의 모습에 대해 정리해 보세요.
   - 함께하는 고양이, 개, 물고기 등의 (　　　　　　　　)을 가족처럼 여기며 살아가는 사람들이 있음
   - 사람의 말이나 행동에 응답하는 로봇을 아끼고 사랑하면서 함께 살아가는 사람들도 있음

생각해 볼까요?

4. 우리 가족은 어떤 형태인지 생각하고 다양한 가족 형태에 대한 나의 생각을 써 보세요.

16-3 실력 쑥쑥! 어휘를 알려 줘

가족

부모와 자녀 등 혈연이나 결혼으로 이루어진 집단으로, 우리 가족의 모습과 비슷한 가족의 모습도 있고 다른 모습의 가족도 있어요. 가족은 사랑과 지지를 주고받는 중요한 사회 집단이에요.

확대 가족

부모와 결혼한 자녀가 함께 사는 가족을 확대 가족이라고 해요. 확대 가족은 할아버지와 할머니 세대, 아빠와 엄마 세대, 아이들 등 3세대 이상이 함께 사는 가족이에요. 할머니와 엄마, 아이가 함께 사는 가족도 확대 가족이에요. 그래서 가족의 구성원이 많은 편이에요.

옛날에는 농사를 지어서 일손이 많이 필요했기 때문에 확대 가족의 모습으로 많이 살았어요.

핵가족

부모와 결혼하지 않은 자녀가 함께 사는 가족을 핵가족이라고 해요. 핵가족은 부부만 함께 사는 1세대 가족도 있고, 부부와 아이가 함께 사는 2세대 가족도 있어요. 또, 엄마 혹은 아빠와 아이만 함께 사는 가족도 2세대 가족인 핵가족이랍니다. 핵가족은 세대가 적어서 가족의 구성원이 적은 편이에요. 하지만 가족 수가 많아도 결혼하지 않은 자녀와 함께 산다면 그것도 핵가족이라 할 수 있어요.

오늘날에는 새로운 일자리를 찾아 도시로 오면서 가족의 형태가 변하기도 하고 자녀 교육을 위해 편의 시설이 많은 도시로 이사하기도 해요. 하지만 할아버지나 할머니는 그대로 시골에 남아 계시면서 핵가족이 되었어요. 또, 도시의 여러 시설을 이용하려면 핵가족의 형태가 편리하기도 해요.

어휘 통통

1. 다음 설명하는 가족의 형태를 찾아보세요.

   우리 가족을 소개할게요. 우리 가족은 인원이 많아요. 5명이나 되거든요. 우리 아빠와 엄마는 식당을 하셔서 맛있는 음식을 잘 만드세요. 저는 막내인데, 초등학교 3학년이에요. 제일 큰 언니는 고등학교 1학년이에요. 엄마와 아빠는 매일 언니랑 오빠랑 지금처럼 아무도 결혼하지 않고 다 같이 이렇게 살았으면 좋겠다고 해요. 저도 우리 가족이 좋아서 이렇게 다 같이 계속 살면 좋겠어요.

   ....

2. 다음 낱말 중 '결혼 - 혼인'의 관계와 가장 비슷한 것을 찾아보세요.
   ① 판매 - 구입
   ② 행운 - 불행
   ③ 융화 - 예상
   ④ 거래 - 흥정

3. '세대'라는 말을 활용해서 짧은 글을 만들어 보세요.

4. 이 글을 읽고, 모르거나 어려운 단어가 있다면 국어사전에서 단어의 뜻을 찾아보세요.
   ① 모르는 단어:
      뜻:
   ② 모르는 단어:
      뜻:

109

17-1 신기한 뉴스 키워드: 식민지, 독립운동가

식민지 시대 사람들은 어떻게 살았을까

서울 용산구에 위치한 식민지역사박물관은 지난 2023년 8월 '간토대학살'을 주제로 한 기획전을 열어 화제를 모았습니다. 식민지역사박물관은 최초의 일제강점기 전문 박물관인데, 간토대학살 100주년을 맞아 이번 기획전을 진행하게 됐다고 밝혔어요.

간토대학살은 1923년 9월 일본 간토 지역에서 발생한 대지진 때문에 발생했어요. 많은 사람이 죽고 다치자 일본 정부는 조선인들이 폭동을 일으켰다는 유언비어를 퍼트렸어요. 화가 난 일본 민중과 군대, 경찰들이 조선인들을 닥치는 대로 죽이기 시작했고, 수만 명의 조선인들이 목숨을 잃었어요. 이렇게 식민지 시대에는 우리나라 사람들이 말도 안 되는 이유로 고통받았어요.

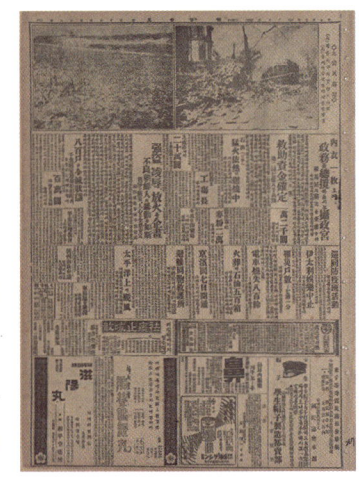
일본 신문에 소개된 조선인 폭동 기사

식민지 시대란 일본의 지배를 받던 시기를 말해요. 우리나라는 1910년부터 1945년까지 일본의 지배를 받았죠. 억압받는 현실을 벗어나기 위해 수많은 독립운동가들이 목숨을 걸고 나라의 자유를 얻기 위해 싸웠어요.

그분들이 어떻게 살았는지는 오래된 사진과 문서, 사용했던 물건들을 보면 알 수 있어요. 한글을 사용하고 전통 음식을 먹으면서 우리 정체성을 지키려고 노력했지요.

이번 기획전을 계기로 보다 많은 사람들이 식민지 시대에 대해 더 잘 알고, 우리의 역사를 소중히 여기는 마음을 잊지 말아야겠습니다.

개념 어휘
1. 진행: 일 따위를 처리하여 나가는 것.
2. 지배: 어떤 사람이나 집단 등을 복종하게 하여 다스리는 것.
3. 억압: 자기 뜻대로 행동하지 못하도록 억지로 억누르는 것.

정리해 볼까요?

1. 식민지 시대는 언제부터 언제까지였나요?

2. 당시 사람들이 일본의 억압 속에서도 지키기 위해 노력한 것은 무엇인가요?

　　　　(　　　　　　　)을 사용하고 (　　　　　　　)을 먹으면서
　　　　　　우리 (　　　　　　)을 지키기 위해 노력함

3. 문단별 내용 정리
   1문단 : 식민지역사박물관에서 간토대학살 전시가 열림
   2문단 :
   3문단 :
   4문단 :
   5문단 :

생각해 볼까요?

4. 식민지 시대의 사람들은 어떻게 살았는지 좀 더 조사해 보고, 어떤 생각이 들었는지 그리고 왜 그런 생각이 들었는지 이유를 쓰세요.

17-2 우당탕 교과서 관련 단원: 4-1 우리 지역의 역사적 인물

어린이 기자단, 답사를 떠나다

어린이 기자단은 식민지역사박물관을 취재하기로 했어요. 선생님은 아이들에게 답사 계획을 세우고, 시간 약속과 질서를 지키며 안전하게 활동하라고 당부했어요. 민수는 아침에 답사 계획서를 다시 검토했어요.

"안내도를 보고 답사 순서를 확인해야 해."

박물관에 도착한 아이들은 안내도를 보며 답사 순서를 확인했어요.

"일제 강점기 전시관을 먼저 보고, 독립운동가 전시관으로 가자."

지우의 말에 동의하며 계획에 따라 움직였어요. 일제 강점기 전시관에서 문화 관광 해설사에게 준비한 질문을 했어요.

"여기서 가장 중요한 유물은 무엇인가요?"

"독립운동가들이 비밀리에 발행했던 독립신문이란다."

"이 신문이 그렇게 중요한 줄 몰랐어요."

선아의 말에 지우도 고개를 끄덕이며 노트에 꼼꼼하게 적었어요. 독립운동가 전시관으로 이동할 시간이 되자 시간 약속을 잘 지키자며 민수가 이끌었어요. 다들 질서를 지키며 관람했지요. 전시관에서는 김구 선생님의 유품들을 볼 수 있었어요.

"김구 선생님은 정말 대단한 분이야."

지우가 감탄했어요. 답사를 마친 후, 아이들은 박물관 밖에서 답사한 순서를 되돌아보며 알게 된 내용을 정리했어요.

"우리가 처음 갔던 곳은 일제 강점기 전시관이었지?"

"맞아, 그리고 두 번째는 독립운동가 전시관이었어."

민수의 질문에 지우가 대답했어요. 답사 장소에서의 질문도 정리했어요.

"해설사 선생님이 이야기해 주신 독립신문에 대해 적자."

"이 사진은 우리가 독립운동가 전시관에서 찍은 거야."

어린이 기자단은 사진을 붙이며 답사 보고서를 완성했어요.

"우리는 정말 멋진 어린이 기자단이야!"

교과서 톺아보기

1. 어린이 기자단이 어떻게 답사했는지 정리해 보세요.

답사 방법	- 답사 계획에 따라 답사 장소까지 이동하기 - (　　　　　　　　　　　)를 보고 답사 순서 확인하기 - 작성해 온 계획서 내용을 확인하며 답사하기 - 준비한 질문을 문화 관광 해설사에게 여쭤보기 - 새롭게 알게 된 내용 기록하기 - 답사 보고서 작성하기
답사 시 주의할 점	- (　　　　　　　　　　　)을 잘 지키기 - 답사를 하면서 질서 지키기 - 주변을 살피며 안전하게 활동하기
답사 보고서 작성 방법	- 답사를 가기 전에 조사했던 내용과 답사한 내용 정리하기 - 실제로 답사를 한 순서 정리하기 - 답사 장소에서 해결한 질문 정리하기 - 답사 장소에서 찍은 (　　　　　　　) 붙이기 - 답사를 하면서 알게 된 내용과 생각한 점 정리하기

2. 어린이 기자단이 답사 계획을 세울 때 들어갈 내용이 아닌 것을 고르세요.
   ① 답사 날짜　　② 답사 순서　　③ 궁금한 질문　　④ 점심 식사

생각해 볼까요?

3. 내가 만일 어린이 기자단이 되어 답사를 떠난다면 어디로 떠날 것인지 생각해 보고, 답사 계획을 세워 보세요.

답사 장소	
답사 날짜	월　　일　-　월　　일
준비할 질문	

17-3 생각 쑥쑥! 배경 지식을 넓혀라

일제 강점기를 살펴볼 수 있는 곳들

1. **서대문형무소 역사관** (서울) : 독립운동가들이 수감되었던 장소로, 일제 강점기의 아픈 역사를 생생하게 느낄 수 있어요.

2. **독립기념관** (천안) : 대한민국의 독립운동사를 한눈에 볼 수 있는 곳으로, 다양한 전시물과 자료가 보존되어 있어요.

3. **안중근의사기념관** (서울) : 안중근 의사의 삶과 업적을 기리는 기념관으로, 그의 애국정신을 느낄 수 있어요.

4. **경교장** (서울) : 대한민국 임시정부의 마지막 청사로, 백범 김구 선생이 활동했던 곳이에요.

5. **윤봉길의사기념관** (서울) : 윤봉길 의사의 생애와 의거를 기념하는 장소로, 그의 애국정신을 기릴 수 있어요.

6. **일본군 위안부 역사관** (광주) : 일본군 위안부 피해자들의 아픔을 기억하고, 그들의 역사를 알려요.

7. **대한민국역사박물관** (서울) : 대한민국의 근현대사를 총망라한 박물관으로, 일제 강점기의 역사도 상세히 다루고 있어요.

8. **창경궁** (서울) : 일제 강점기 동안 동물원과 식물원으로 변질되었던 궁궐로, 당시의 흔적을 살펴볼 수 있어요.

9. **부산근대역사관** (부산) : 일제 강점기 부산의 역사를 다루는 박물관으로, 당시의 생활상을 엿볼 수 있어요.

10. **원주역사박물관** (원주) : 일제 강점기 원주의 역사를 다룬 전시관이 있으며, 다양한 유물이 전시되어 있어요.

서대문형무소 내부

어휘 통통

1. '수감'은 무슨 뜻일까요? '수감'의 뜻이 무엇인지 생각해서 써 보세요.

2. 다음 단어와 뜻을 짝지어 보세요.
   ① 의사 ·   · ㉠ 정의를 위해 의로운 일을 도모하는 것
   ② 애국 ·   · ㉡ 자기 나라를 사랑하는 것
   ③ 의거 ·   · ㉢ 나라를 위해 자신을 바치는 의로운 사람

3. 이 글을 읽고, 모르거나 어려운 단어가 있다면 국어사전에서 단어의 뜻을 찾아보세요.
   ① 모르는 단어:
      뜻:
   ② 모르는 단어:
      뜻:

생각해 볼까요?

4. 일제 강점기를 살펴볼 수 있는 곳 중에서 가고 싶은 곳이 있나요? 그곳에 간다면 어떤 것을 자세히 보고 싶은지 생각해 보세요.

18-1 신기한 뉴스 키워드: 법, 법원, 판결

부당 해고 판결에 승소한 노동자들

법원은 사람들이 법을 어겼다고 생각할 때 그 문제를 해결하도록 돕는 곳이에요.

코로나19가 유행하던 시기에, C 회사의 물류센터에서 많은 사람들이 코로나에 걸렸어요. 그러자 회사의 방역이 제대로 되지 않았다고 생각한 2명의 노동자가 기자 회견을 열어 대책을 마련해 달라고 요구했어요.

우리나라 법원

하지만 C 회사는 이 2명의 노동자가 거짓말을 했다고 생각하고, 그들의 계약을 연장하지 않기로 했습니다. 그들의 거짓말 때문에 회사의 명예가 훼손당했다고 여긴 거예요. 일자리를 잃게 된 두 사람은 회사의 결정이 부당하다고 생각하고, 법원에 소송을 제기했지요. 그들은 자신들이 부당하게 해고되었다고 주장했어요.

법원은 이 2명의 노동자가 기자 회견을 열고 방역을 요구한 것이 정당하다고 판단했어요. 또 이 두 노동자가 받은 평가 점수가 다른 노동자들보다 높았기 때문에, 계약이 연장될 것이라고 충분히 생각할 만하다고 여겼어요. 그래서 법원은 C 회사가 합리적인 이유 없이 계약을 연장하지 않은 것은 부당하다고 판결했답니다.

법원은 이 두 노동자가 부당하게 해고되었다고 인정해 줬어요. 하지만 손해배상 청구는 충분한 증거가 없다고 판단해 금전적 보상은 받지 못했어요.

개념 어휘
1. 연장: 일 시간이나 거리 따위를 본래보다 길게 늘리는 것.
2. 훼손: 체면이나 명예를 손상하는 것.
3. 부당: 이치에 맞지 아니한 것.
4. 제기: 의견이나 문제를 내어놓는 것.
5. 배상: 남의 권리를 침해한 사람이 그 손해를 물어 주는 것.

정리해 볼까요?

1. C 회사의 물류센터에서 많은 사람들이 코로나에 걸린 이유는 무엇일까요?

2. 법원이 두 노동자가 부당하게 해고되었다고 판단한 이유는 무엇일까요?

   (   )을 열고 요구한 것이 (   )하며, 그들이 받은 (   )가 다른 노동자들보다 높아 (   )을 기대할 만한 이유가 충분했기 때문이에요.

3. 문단별 내용 정리
   1문단 : 법원의 역할
   2문단 :
   3문단 :
   4문단 :
   5문단 :

생각해 볼까요?

4. 법원은 해고된 것은 부당하다고 인정했지만 손해배상은 받지 못하게 했어요. 법원이 손해배상에 대해 판결할 때 어떤 기준이 있어야 하는지 찾아보세요.

5. 여러분이 생각했을 때, 법원은 어떤 일을 하는 곳인 것 같나요? 그 이유는 무엇인가요?

18-2 우당탕 교과서 관련 단원: 6-1 민주 정치의 원리와 국가 기관의 역할

법원은 무슨 일을 할까?

| 20○○년 ○○월 ○○일 ○요일 | 날씨: 흐리고 비오고 함 |

오늘 나는 엄마 아빠와 함께 법원에 다녀왔다. 법원은 정말 중요한 곳이다. 사람들이 법을 잘 지키고 있는지 재판하는 곳이기 때문이다. 만약 누군가가 법을 어기면, 법원에서 그 사람을 처벌해서 사회 질서를 지켜 준다. 또 다툼이 생기면 법원에서 문제를 해결한다.

법원은 공정한 재판을 위해서 다른 기관들의 영향을 받지 않게 독립적으로 운영된다고 한다. 법관들도 개인적인 의견이 아니라 헌법과 법률에 따라 판결을 내린다. 특별한 경우가 아니면 모든 재판 과정과 결과를 공개해서 투명하게 운영된다. 또 한 사건에 대해 세 번까지 재판받을 수 있는 3심 제도도 있다고 한다. 이런 내용을 자세히 설명해 주시는 아빠가 멋있었다.

법원에서 재판하는 모습을 보았는데, 조용하고 엄숙해 보여서 나도 모르게 숨을 멈추고 재판을 보았다. 판사님은 높은 곳에 앉아서 양쪽의 이야기를 다 듣고 판결을 내렸다. 판사봉을 땅땅 두드리는 게 멋있어 보여서 엄마한테 "저도 판사가 되고 싶어요." 했더니 엄마가 내 머리를 쓰다듬으면서 응원한다고 했다.

헌법재판소라는 곳에 대해서도 들었다. 이곳은 헌법과 관련된 분쟁을 주로 해결하는데, 최근에는 전자소송 시스템을 도입해서 재판 기간과 비용을 줄였다고 했다. 또 법관들의 전문성을 높이기 위해 교육 프로그램도 운영한다고 아빠가 설명해 주셨다.

아빠 덕분에 법원에 대해 잘 알 수 있었다. 법원은 정말 중요한 역할을 하는 것 같다. 앞으로도 법원이 공정하고 투명하게 재판해서 사회 질서를 지켜 나가는 기관이 되면 좋겠다. 그리고 나도 어른이 되면 꼭 법원에서 일하고 싶다.

교과서 톺아보기

1. 법원은 어떤 곳인지 써 보세요.
   (   )에 따라 옳고 그름을 따져 (   )을 하는 곳

2. 옆의 글을 참고해서, 빈칸에 알맞은 말을 적어 보세요.
   - 특별한 경우를 제외하고 모든 재판의 과정과 결과를 (   )함
   - 한 사건에 대해 세 번까지 재판을 받을 수 있는 (   )를 두고 있음

3. 헌법과 관련한 분쟁을 해결하는 기관은 어디인지 찾아 보세요.
   ① 헌법재판소   ② 소방서
   ③ 경찰서   ④ 법원

생각해 볼까요?

4. 만일 내가 재판하는 판사라면 아래의 촉법소년에 대해 어떻게 판결을 내릴 건가요? 그 이유를 설명하세요.

대낮 아파트 단지에서 80대 여성을 흉기로 찌르고 도주했던 용의자는 중학생으로 드러났다. 경찰은 범행 후 달아난 A군을 3시간여 만에 주거지에서 검거했다. A군은 만 14세 미만인 형사 미성년자(촉법소년)로 조사됐다. 피해자는 병원으로 옮겨졌으며 생명에는 지장이 없는 것으로 파악됐다.

18-3 생각 쑥쑥! 배경 지식을 넓혀라

재판의 과정을 살펴볼까요?

1. **소송 시작하기:** 어떤 사람이 다른 사람에게 문제가 생겨서 법원에 도움을 요청하는 걸 '소송'이라고 해요. 친구가 내 물건을 부숴서 그걸 다시 고쳐 달라고 하거나, 돈을 갚아 달라고 법원에 이야기하는 거예요.

2. **답장하기:** 법원에서 소송을 당한 사람에게 편지를 보내요. 그러면 그 사람은 법원에 답장을 보내서 자기 입장을 설명해요.

3. **준비하기:** 법원은 양쪽 이야기를 잘 듣기 위해 준비를 해요. 필요한 자료나 증거를 모으고, 어떤 문제가 있는지 정리해요. 양쪽에서 필요한 자료를 모두 제출하면, 법원에서 그걸 다 확인해요.

4. **법정에서 이야기하기:** 준비가 다 되면 법정에서 만나서 이야기해요. 법정에서 사람들은 서로의 이야기를 듣고, 증거를 보여 주고, 법적으로 어떻게 해결할지 이야기해요.

5. **증거 조사하기:** 법원은 누가 맞는지 확인하기 위해 증거를 조사해요. 증거는 사진이나 영상, 그걸 본 사람의 증언 같은 사건을 증명해 줄 수 있는 물건이나 사람의 말이에요.

6. **법적 검토하기:** 법원은 법에 맞게 사건을 해결하기 위해 법적 _____ 를 해요. 법원은 규칙을 잘 지키면서 공정하게 문제를 해결해요.

7. **판결 내리기:** 법적 검토가 끝나면, 법원은 판결을 내려요. 판결은 누가 옳고 그른지 결정하는 거예요.

8. **항소하기:** 판결이 마음에 들지 않으면, 더 높은 법원에 다시 한번 판단해 달라고 요청할 수 있어요. 이걸 '항소'라고 해요. 높은 법원에서는 다시 한번 사건을 검토해요.

9. **판결 집행하기:** 마지막으로 판결이 확정되면, 그 판결을 실행해요. 친구가 물건을 고쳐야 한다고 판결이 나면 그것을 실제로 실행하는 거예요.

어휘 통통

1. 다음 단어의 뜻을 보고, 왼쪽 글의 _____ 안에 들어갈 말을 써 보세요.

   어떤 사실이나 내용을 분석하여 따지는 것

   ....

2. '증거'과 비슷한 뜻이 아닌 것 하나를 찾아 ◯ 해 보세요.

   근거   방증   실증   이유

3. 이 글을 읽고, 모르거나 어려운 단어가 있다면 국어사전에서 단어의 뜻을 찾아보세요.
   ① 모르는 단어:
      뜻:
   ② 모르는 단어:
      뜻:

생각해 볼까요?

4. 혹시 친구와 문제가 생겨서 그 문제를 해결했던 경험이 있나요? 그 경험과 재판의 과정을 살펴보면서 어떤 점이 비슷하고 어떤 점이 다른지 생각해 보세요.

19-1 신기한 뉴스 키워드: 한강공원, 축제

지루할 틈이 없다! 1년 내내 한강 축제

 올해 한강 페스티벌은 5월부터 연말까지 한강공원 전역에서 120여 개의 다채로운 프로그램이 펼쳐집니다. 어린이날 '가면 퍼레이드'를 시작으로 '한강 라이징 스타' 오디션 프로그램, '한강 멍 때리기 대회', '한강 잠 퍼자기 대회', '2024 한강 대학가요제' 등 다양한 이색 행사들이 마련되어 있어요. 특히 '한강 보트 퍼레이드'는 조명으로 장식한 100여 척의 보트가 한강의 밤을 화려하게 수놓을 예정이라고 해요.

 여름에는 '한강 수상 영화관'과 '반려인 모여라' 프로그램이 운영돼요. 유람선 선상 영화관과 카약, 보트 등 수상레저기구를 타고 영화를 감상할 수 있어요. 반려견과 함께 느리게 걸어보는 거북이 마라톤대회도 열려요.

 가을에는 겸재 정선의 한강 그림에 대한 전문 역사 해설가의 설명과 함께 한강의 아름다운 풍경을 감상할 수 있는 '겸재 정선 문화예술 선상 투어'도 준비되어 있어요.

 겨울에는 '로맨틱 한강 크리스마스 마켓'이 청담대교 교각을 빛으로 수놓으며 연말 분위기를 한층 돋울 예정이에요.

 2024년 한강 페스티벌에는 다양한 문화, 예술, 레저 프로그램이 마련되어 있어 시민들이 한강에서 즐겁고 특별한 시간을 보낼 수 있을 것 같습니다. 자세한 내용은 한강 페스티벌 공식 누리집에서 확인하실 수 있어요.

한강공원

개념 어휘
1. 전역: 어느 지역의 전체.
2. 다채롭다: 여러 색채나 형태, 종류 따위가 한데 어울리어 호화스럽다.
3. 이색: 보통의 것과 색다른 것이나 장소.
4. 선상: 항해 중인 배를 타고 있는 것.

정리해 볼까요?

1. 한강 페스티벌의 기간은 언제부터 언제까지인가요?

2. 한강 보트 퍼레이드에 참여하는 보트의 수는 몇 척인가요?

3. 겨울에 열리는 '로맨틱 한강 크리스마스 마켓'은 어디에서 개최되나요?

4. 문단별 내용 정리
   1문단 : 한강공원 전역에서 펼쳐지는 한강 페스티벌
   2문단 :
   3문단 :
   4문단 :
   5문단 :

생각해 볼까요?

5. '한강 멍 때리기 대회', '한강 잠 퍼자기 대회', '한강 대학가요제' 등 다양한 한강 페스티벌이 있어요. 만일 내가 한강 페스티벌에 프로그램을 개최한다면 무엇을 만들고 싶은가요? 그 이유는 무엇인가요?
   ① 내가 개최하고 싶은 프로그램:

   ② 이유:

19-2 우당탕 교과서 관련 단원: 3-1 우리 고장의 모습

우리 고장의 숨은 보물 찾기

우리 동네를 대표하는 장소는 어디인가요? 다음은 우리 동네 아이들이 직접 추천한 대표 장소 후보들입니다. 각 후보에 대한 의견을 들어보고 투표해 주세요!

뾰족산
우리 동네에서 가장 크고 높은 산이 대표가 되어야 한다고 생각합니다. 뾰족산에 올라가 보면 아름다운 자연을 느낄 수도 있어서 우리 마을에서 가장 멋진 곳입니다.

큰 호수
우리 동네에는 다른 동네 사람들도 찾아오는 큰 호수가 있어요. 크고 넓어서 많은 사람들이 소풍을 옵니다. 호수가 대표가 되면 우리 동네가 더 유명해질 거예요.

어시장
바다와 가까운 우리 동네에는 커다란 어시장이 있어요. 다른 동네 사람들까지 싱싱한 생선을 사기 위해 와요. 늘 사람들이 와글와글 많아요.

빵집
정말 맛있는 빵을 만드는 곳이에요. 어린이들이 가면 빵을 하나씩 선물로 주시기도 하는 이곳은 우리 동네의 넉넉한 인심을 느낄 수 있어요.

< 투표 방법 >
1. 각 후보에 대한 소개를 잘 읽고 가장 마음에 드는 장소에 투표하세요.
2. 투표는 이번 주 금요일까지 진행됩니다.

자세한 사항은 공공장소에 부착한 장소 카드 안내도와 우리 시청 누리집, 홍보 동영상을 참고하세요. 우리 동네를 대표할 최고의 장소를 뽑는 투표에 많은 참여 부탁해요!

교과서 톺아보기

1. 여러분이 살고 있는 동네에는 어떤 유명한 장소가 있는지 적어 보세요.

소개할 만한 주요 장소의 특징	- 자연이 아름다운 장소 (　　　　　　　　　) - 문화유산을 볼 수 있는 장소 (　　　　　　　　　) - 높은 건물이 있는 장소 (　　　　　　　　　) - 사람이 많이 모이는 장소 (　　　　　　　　　)
주요 장소에 관한 자료를 찾는 방법	- 시청, 군청, 구청 누리집에서 찾을 수 있음 - 홍보 동영상, 안내 책자 등에서 찾을 수 있음 - 우리 고장에 관해 잘 아는 어른들께 여쭐 수 있음
우리 고장의 주요 장소를 소개하는 방법	- 우리 고장 안내도 만들기: 장소의 특징이 잘 나타난 사진이나 그림을 붙이고 간단한 설명을 써서 장소 카드를 만듦(백지도에 장소 카드를 연결하여 안내도를 만듦) - 우리 고장 소개 신문 만들기: 장소 카드를 붙이고 장소의 특징이 잘 나타난 사진이나 그림, 설명을 곁들여 신문을 만듦

2. 우리 고장의 소개 자료를 만들면 어떤 점이 좋을까요? 위의 표를 참고해서 빈칸에 알맞은 말을 적어 보세요.

　　　　　　우리 고장의 (　　　　　　　　　)를 더욱 분명하게 알 수 있음

생각해 볼까요?

3. 여러분이 동네를 대표하는 장소에 투표한다면 어디에 투표할 건가요? 그 이유는 무엇인가요?

19-3 실력 쑥쑥! 어휘를 알려 줘

관광지

관광지는 많은 사람들이 방문하는 명소나 볼거리가 있는 장소예요. 주로 아름다운 자연경관, 역사적인 건축물, 놀이동산 등이 포함돼요. 관광지는 지역 경제에 중요한 역할을 하며, 관광지를 찾는 사람은 관광객이라고 불러요.

자연경관

자연경관은 고장의 자연적인 아름다움을 나타내는 경치나 풍경을 말해요. 산, 강, 바다, 숲 등이 포함돼요. 자연경관은 사람들에게 휴식과 힐링을 제공하며, 관광지로서의 가치가 높아요.

교통

교통은 사람이나 물건이 이동하는 수단과 방법을 의미해요. 버스, 지하철, 자동차, 자전거 등이 포함돼요. 교통이 잘 발달된 지역은 사람들이 편리하게 이동할 수 있으며, 경제 활동이 활발해요.

유형 문화유산

유형 문화유산은 역사적, 문화적으로 중요한 가치를 지닌 건축물, 유물 등을 말해요. 고대 유적지, 전통 건축물, 유물 등이 포함돼요. 유형 문화유산은 우리 조상들의 삶과 문화를 이해하는 데 중요한 역할을 하며, 보호와 관리가 필요해요.

어휘 통통

1. 유형 문화유산에 해당하지 않는 것은 무엇일까요?

   ① 고대 유적지　　　　　② 전통 건축물

   ③ 최신 빌딩　　　　　　④ 유물

2. '관광지'란 무엇을 뜻할까요?

   ① 사람들이 많이 찾는 유명한 장소

   ② 사람들이 피하는 장소

   ③ 사람들이 모르는 장소

   ④ 사람들이 먹는 음식

3. 교통수단에는 어떤 것들이 있는지 찾아 그 예를 2가지 적어 보세요.

생각해 볼까요?

3. 우리 동네에서 가장 맛있는 식당, 우리 동네에서 가장 맛있는 빵집 등 '우리 동네에서 가장 ~한 곳'을 최대한 많이 찾아서 석어 보세요.

20-1 신기한 뉴스 키워드: 고도, 고랭지, 특산물

강원도 고랭지 최고의 맛을 찾아

　사람이 살기 좋은 고도는 해발 700~800m라고 해요. 고기압과 저기압의 경계 지점으로 기압의 변화가 적어 안정적이고 인체에 부담이 적기 때문이에요. 그렇다면 이곳에 배추를 재배하면 어떨까요? 강원도 평창군 대관령면은 해발 760m에서 배추를 재배해요. 대관령의 임 농부 아저씨는 45년 동안 배추와 무를 재배하고 있어요. 매년 6월에 배추를 심고, 추석 전에 수확하여 김치를 만들어요.

　임 농부는 밭에 퇴비를 뿌리고, 배추 정식 10일 전에 비닐을 씌웁니다. 여름철 무더위에 강한 품종을 선택하여 재배하며, 병충해 예방을 위해 약을 뿌려요. 그의 배추는 대관령원예농협 채소사업소에서 절인 후 김치 공장과 가정집으로 배달합니다.

　배추 말고도 대관령의 특산물이 하나 더 있어요. 대관령에 부는 한여름의 시원한 바람은 겨울에는 매서운 칼바람으로 변해요. 일주일 넘게 영하 10도 이하가 되기도 하죠. 이런 날씨는 황태 말리기에 최적의 조건이라고 해요. 적어도 일주일간 녹지 않은 상태로 말려야 통통한 황태가 되기 때문이에요.

한겨울 칼바람에 건조되는 대관령 황태

　임 농부는 누구보다 강원도 고랭지의 특징을 잘 이용하고 있어요. 그의 이러한 노력 덕분에 많은 사람들이 강원도 고랭지의 배추로 만든 김치와 통통하고 맛있는 황태를 먹을 수 있게 되었어요.

개념 어휘

1. 고도: 평균 해수면을 0으로 하여 측정한 대상 물체의 높이.
2. 재배: 식물을 심어 가꾸는 것.
3. 수확: 익은 농작물을 거두어들임. 또는 거두어들인 농작물.
4. 칼바람: 몹시 매섭고 독한 바람.
5. 최적: 가장 알맞은 것.

정리해 볼까요?

1. 강원도 평창군 대관령면은 해발 몇 미터에 위치해 있나요?

2. 임 농부 아저씨는 몇 년 동안 배추와 무를 재배해 왔나요?

3. 대관령의 겨울 날씨는 왜 황태 말리기에 좋은 조건인가요? 그 이유를 찾아 써 보세요.

4. 문단별 내용 정리
   - 1문단 : 살기 좋은 고도 해발 700~800m
   - 2문단 :
   - 3문단 :
   - 4문단 :

생각해 볼까요?

5. 대관령의 한여름과 겨울의 날씨를 비교해 보고 왜 고랭지에서 재배된 배추와 황태가 특별한지 이유를 설명해 보세요.

20-2 우당탕 교과서   관련 단원: 3-2 환경에 따른 의식주 생활 모습

미나의 꿈같은 맛있는 여행

　항상 세계 여행을 꿈꾸던 미나가 드디어 여행을 떠나게 됐어요. 미나는 먼저 스위스로 향했어요. 스위스는 높은 산들이 많은 나라예요. 스위스 마을에는 푸른 초원과 눈 덮인 봉우리들이 펼쳐져 있었어요. 마을 사람들은 이 산골에서 젖소를 키우며 치즈를 만들고 있었죠. 미나는 치즈로 만든 퐁뒤를 맛보았어요.
　"와, 이 치즈 퐁뒤는 정말 부드럽고 고소한 맛이 나네요! 직접 키운 젖소에서 나온 신선한 치즈라 그런가 봐요."
　다음으로 베트남으로 갔어요. 미나가 도착한 베트남 마을에는 노란 벼밭이 가득했어요. 마을 사람들은 이 벼를 수확해 쌀국수를 만들고 있었어요.
　"이 쌀국수는 정말 향긋하고 부드럽네요."
　"우리가 직접 재배한 신선한 쌀로 만든 거야."
　마지막으로 미나는 노르웨이로 갔어요. 미나의 눈앞에 푸른 바다가 보였어요. 노르웨이의 사람들은 바다에서 잡은 신선한 생선으로 다양한 요리를 만들어요. 미나는 생선구이를 먹고 두 눈이 휘둥그레졌어요.
　"이 생선은 직접 잡은 거예요?"
　"노르웨이는 바다가 있어서 바다에서 생선을 많이 잡는단다."
　세계의 여러 고장에는 고장의 자연환경에 맞춘 다양한 음식들이 있었어요. '이번엔 어디에 뭘 먹으러 갈까?'

엄마: 미나야! 미나야! 이제 일어나야지? 언제까지 잘 거야?

미나: 이럴 수가! 다 꿈이었다니! 세계를 돌아다니면서 엄청 맛있는 음식을 실컷 먹고 있었는데 너무 억울해요!

엄마: 하하, 오늘 우리도 맛있는 대게를 먹으러 가기로 했잖아. 자, 영덕으로 출발해 볼까?

교과서 톺아보기

1. 다양한 식생활에 대해서 살펴볼까요.

	음식이 필요한 까닭	음식을 먹어야 영양분을 얻어 힘을 내서 일을 하고, 건강을 유지할 수 있음
고장의 다양한 식생활 모습	우리나라 여러 고장의 발달한 음식	평양냉면(평양), 전주비빔밥(전주), 영덕대게찜(영덕), 꼬막무침(순천), 옥돌구이(제주) 등
	고장마다 다양한 음식이 발달한 까닭	고장마다 땅의 생김새나 날씨와 같은 ( )에 따라 다양한 음식이 발달함
세계 여러 고장의 식생활 모습	산이 많은 고장 (스위스)	산지에서 젖소를 키워 생산한 ( )로 만든 퐁뒤와 같은 음식이 많음
	들이 있는 고장 (베트남)	벼를 재배하기 알맞아 쌀국수와 같이 ( )로 만든 음식이 많음
	바다가 있는 고장 (노르웨이)	바다에서 잡은 여러 가지 ( )으로 만든 음식이 많음

생각해 볼까요?

2. 여러분이 먹은 음식 중에서 가장 기억에 남았던 음식은 무엇인가요? 우리나라 음식은 무엇이 기억에 남고, 다른 나라의 음식은 무엇이 기억에 남나요? 그 이유는 무엇인지 써 보세요.

각 지역의 맛있는 음식들

지역마다 특색 있는 음식들이 다양하게 존재해요. 대한민국의 몇몇 지역 특산 음식을 소개할게요.

부산의 유명한 음식으로 돼지국밥과 씨앗호떡이 있어요. 돼지국밥은 돼지고기를 푹 끓여서 만든 국밥이에요. 고기와 밥을 함께 먹으면 정말 맛있어요. 씨앗호떡은 달콤한 호떡 안에 씨앗과 견과류가 가득 들어 있어 맛도 좋고 건강에도 좋아요.

전주하면 비빔밥이죠! 여러 가지 나물과 고기를 밥에 넣고 고추장과 함께 비벼 먹는 전주비빔밥은 전주에 가면 꼭 먹어야 하는 음식이에요.

대구는 다양한 맛집이 있는데 그중 특히 막창구이가 유명해요. 막창구이는 소나 돼지의 내장을 구워서 먹는 음식이에요. 살코기와는 다른 쫄깃쫄깃한 맛이 좋아 많은 사람이 찾아요.

강원도는 감자가 유명해요. 감자로 만든 떡이 감자떡인데, 일반 떡과 다른 맛이 있어요. 메밀로 만든 메밀국수도 유명한데 메밀국수는 시원하게 먹는 여름철 별미에요.

전라도는 맛있는 음식이 많지만 특색 있는 음식으로 홍어회가 있어요. 홍어회는 삭힌 홍어를 회로 먹는 음식으로, 홍어회만의 독특한 향이 있어요. 음식을 풍성하게 줘서 여러 가지 반찬을 한 상에 차려 먹는 한정식도 추천해요.

제주도의 대표적인 음식은 흑돼지와 갈치예요. 제주도에서만 맛볼 수 있는 특별한 돼지고기인 흑돼지를 구워 먹는 요리와 신선한 갈치를 매콤하게 조린 갈치조림도 제주도에 가면 꼭 먹어야 할 음식이에요.

소개한 음식 말고도 지역마다 특색 있는 음식들이 많아요. 여러분도 다양한 지역의 음식을 맛보면서 그 지역의 문화를 느껴 보세요!

어휘 통통

1. '유명'과 반대의 뜻을 가진 단어는 무엇일까요?

2. 글 속에 소개된 내용을 참조해서 알맞은 지역과 음식을 짝지어 보세요.

   ① 전주   ·   · ㉠ 흑돼지구이
   ② 대구   ·   · ㉡ 막창구이
   ③ 강원도   ·   · ㉢ 홍어회
   ④ 전라도   ·   · ㉣ 메밀국수
   ⑤ 제주도   ·   · ㉤ 비빔밥

생각해 볼까요?

3. 여러분이 부산에 간다면 돼지국밥과 씨앗호떡 중 어떤 음식을 먼저 먹고 싶나요? 각각의 음식의 특징을 생각해서 음식을 고르고, 그 이유를 써 보세요.

   ① 먼저 먹고 싶은 음식:

   ② 그 이유

4. 제주도는 바다와 가까워요. 글에서 소개한 흑돼지와 갈치조림을 제외하고, 제주도에서 맛볼 수 있는 해산물은 무엇이 또 있을까요?

21-1 신기한 뉴스 키워드: 재난 문자, 경계경보

재난 문자 오발송 사건

2023년 5월 31일 새벽 6시 41분에 서울시는 "6시 32분 서울 지역에 경계경보 발령. 국민 여러분께서는 대피 준비를 하고, 어린이와 노약자가 우선 대피할 수 있도록 해 주시기 바란다"는 내용의 위급 재난 문자를 보냈어요. 행정안전부가 백령도 일대에 경계경보를 발령한 후 1분 만에 서울시를 포함한 17개 시도에 전파한 내용이죠.

이후 오전 7시 3분 행정안전부는 "서울시 경계경보는 오발령 사항임을 알린다"며 정정 문자를 보냈고, 서울시도 오전 7시 26분 경계경보 해제를 알리는 문자를 보냈어요. 하지만 그 사이 서울은 혼란스러울 수밖에 없었습니다.

서울시장은 이날 오후 많은 분께 혼란을 드려 죄송하다고 사과하면서, "이번 긴급문자는 현장 실무자의 과잉대응이라 볼 수 있지만 '오발령'은 아니었다"고 설명했어요. "안전에는 타협이 있을 수 없고, 과잉이다 싶을 정도로 대응하는 게 원칙"이라는 말도 덧붙였어요.

그러나 문자 내용과 신속성의 측면에서는 개선이 필요한 것으로 지적됐습니다. 상황 발생 9분 후에 문자가 발송돼 실제 상황이었다면 전혀 도움이 되지 않았을 것이라는 비판도 있었죠. 대피 내용이나 방법 등 구체적인 정보도 부족했고요.

이 사건을 계기로 재난 문자 발송 체계와 내용 개선, 국민재난안전포털 및 안전디딤돌 앱 등의 작동 개선 등의 필요성이 제기되었어요. 정부와 각 시도 담당자들은 시민들의 안전을 위해 더욱 철저히 준비해야 해요.

개념 어휘
1. 대피: 위험이나 피해를 입지 않도록 일시적으로 피하는 것.
2. 재난: 뜻밖에 일어난 재앙과 고난.
3. 경보: 위험이 닥쳐올 때 경계하도록 미리 알리는 것.
4. 정정: 글자나 글 따위의 잘못을 고쳐서 바로잡는 것.
5. 과잉: 예정하거나 필요한 수량보다 많은 것.

정리해 볼까요?

1. 2023년 5월 31일 새벽 6시 41분에 서울시가 보낸 위급 재난 문자의 내용은 무엇이었나요?

2. 서울시는 서울 지역에 경계경보 문자를 발령한 후, 몇 분 뒤에 경계경보 해제를 알리는 문자를 보냈나요?

3. 문단별 내용 정리

   1문단 : 서울시의 위급 재난 문자 발송
   2문단 :
   3문단 :
   4문단 :
   5문단 :

생각해 볼까요?

4. 여러분은 위급 재난 문자를 받았던 적이 있나요? 그때 어떻게 느꼈나요?

5. 여러분이 정부 관계자라면 이 사례를 교훈 삼아 시민들의 안전을 위해 어떻게 대응할 건가요?

21-2 우당탕 교과서 | 단원: 3-1 통신수단의 발달과 생활 모습의 변화

상상 인터뷰 전화기의 아버지, 그레이엄 벨을 만나다

민서: 안녕하세요.

벨: 안녕! 나는 알렉산더 그레이엄 벨이라고 해. 전화기를 발명했지.

민서: 저는 민서예요. 저는 휴대전화로 친구들과 대화해요.

벨: 휴대전화라니, 흥미롭구나! 내가 발명한 전화기는 유선 전화기였는데, 지금은 어떻게 발전했니?

민서: 처음에는 유선 전화기에서 시작했지만, 무선 전화기로 발전했어요. 스마트폰이라는 것도 있어요.

벨: 정말 놀랍구나! 멀리 사는 친구와 쉽게 연락할 수 있니?

전화기를 발명한 그레이엄 벨

민서: 친구와 전화로 영화 관람 약속도 잡고, 멀리 사는 사촌과 화상 통화도 해요. 전자 우편이나 모바일 메신저를 이용해서 생일 파티에 친구를 초대해요. 시골에 계신 할머니께 전화도 드릴 수 있어요.

벨: 와, 예전에는 교환원이 있어야만 전화할 수 있었는데, 이제는 그런 번거로움이 없겠구나.

민서: 네, 교환원이 없어도 직접 전화할 수 있어요. 그리고 유선 전화기에서 무선 전화기로, 스마트폰으로 발전하면서 우리 생활도 많이 변했어요.

벨: 그렇구나. 통신 기술이 이렇게나 발달하다니, 정말 대단해! 앞으로도 더 많은 변화가 있을 거라고 생각하니 기대되지 않니?

민서: 저도 기대돼요! 아저씨 덕분에 전화기라는 멋진 발명품이 생겨서 편리하게 소통할 수 있는 거잖아요. 저도 아저씨처럼 멋진 발명가가 될 수 있을까요?

벨: 물론이지! 너도 충분히 멋진 발명가가 될 수 있어. 통신 기술은 계속 발전할 거야. 너희 세대가 더 멋진 세상을 만들어 갈 거라고 믿어.

민서: 감사합니다!

교과서 톺아보기

1. 오늘날 사람들이 이용하는 통신 수단이 아닌 것을 골라 보세요.

    ① 휴대전화　　　　　　　　② 봉화

    ③ 전자 우편　　　　　　　　④ 모바일 메신저

2. 이 글의 내용을 참조해서, 다음 빈칸에 들어갈 알맞은 말을 적어 보세요.

    ① (　　　　　　)로 영화 관람 약속을 잡을 수 있음

    ② 멀리 있어도 (　　　　　　)로 연락할 수 있음

    ③ (　　　　　　)이나 (　　　　　　)를 이용해 생일 파티도 할 수 있음

    ④ 시골에 계신 할머니께 (　　　　　　)도 드릴 수 있음

3. 전화기의 발달 과정을 정리해 보세요.

    (　　　)이 있는 전화기　➡　유선 전화기　➡　무선 전화기, 휴대전화　➡　(　　　　)

생각해 볼까요?

4. 스마트폰은 필요하지만 부정적인 면도 많아요. 여러분은 초등학생의 스마트폰 소지에 대해 찬성하나요, 반대하나요? 그 이유는 무엇인지 3가지를 써 보세요.

    초등학생의 스마트폰 소지에 대해서 (찬성/반대)한다. 왜냐하면

    1.
    2.
    3.

21-3 생각 쑥쑥! 배경 지식을 넓혀라

이 정도면 TMI 아니야?

재난 문자는 지진, 태풍, 홍수, 화재 등 자연재해와 사회 재난 상황이 발생할 때 국민들에게 신속하게 정보를 전달하기 위해 2005년부터 운영되고 있는 서비스예요. 이 서비스를 통해 위험 상황을 빠르게 인지해서 대응할 수 있죠.

코로나19 이후 재난 문자 발송 건수가 크게 늘어나면서 국민들의 피로감이 높아지고 있다고 합니다. 하루에 약 4건씩 재난 문자가 전송되어 새벽, 출퇴근 시간, 식사 시간 등 일상생활 내내 알림이 울리는 것이 불편하다는 의견이 많아요.

하지만 2022년 서울시립대의 연구 결과에 따르면, 재난 문자 서비스는 경제적 효과가 있는 것으로 나타났어요. 재난 문자를 보내면 자연재해 피해 복구비를 연간 약 2,700억 원 정도 줄일 수 있다는 거예요. 재난 문자를 1회 더 보낼 때마다 피해 복구비가 1억 원씩 감소한다는 의미예요.

재난 문자는 국민의 안전 의식을 높이고 재난 피해를 줄이는 데 도움이 되지만, 재난 문자가 너무 피로해서 알림을 끄는 사람들도 있어요. 단순히 재난을 알릴 뿐이지 어떻게 해야 하는지에 대한 내용은 없어서 당황스럽다는 의견도 있고요.

정부는 불편함을 줄이면서도 재난 상황을 효과적으로 알리는 방법을 모색해야 해요. 재난 문자에 대피 이유와 대피 장소 정보를 포함하는 등 내용을 보완하거나, 문자 발송 시간을 조절하는 등의 방안이 있을 거예요. 또 재난 문자 시스템의 실효성을 높이기 위한 다양한 노력도 필요합니다.

앞으로 재난 문자 서비스가 국민의 안전과 편의를 모두 고려하는 방향으로 발전할 수 있기를 기대해요. 정부와 국민이 함께 노력한다면 재난 문자의 긍정적인 효과를 극대화하고 부작용을 최소화할 수 있을 거예요.

어휘 통통

1. 다음 빈칸에 들어갈 말을 찾아서 써 보세요.

   1) 재난 문자 서비스는 (　　　　　)와 (　　　　　　) 상황이 발생할 때 국민들에게 신속하게 정보를 전달하기 위해 운영하고 있어요.

   2) 재난 문자 서비스의 (　　　　　　) 효과로 인해 연간 약 2,700억 원의 자연재해 피해 복구비를 줄일 수 있어요.

   3) 재난 문자 서비스에 대한 국민들의 (　　　　　　) 증가로 정부에서는 국민들의 불편함을 줄이면서 재난 상황을 효과적으로 알릴 수 있는 방안을 모색하고 있어요.

2. 이 글 속에서 모르거나 어려운 단어가 있다면 국어사전에서 단어의 뜻을 찾아보세요.
   ① 모르는 단어:
      뜻:
   ② 모르는 단어:
      뜻:

생각해 볼까요?

3. 재난 문자가 우주에도 전송될 수 있는지 생각해 본 적 있나요? 위성 통신 기술이 발달하면 우주에도 재난 문자 전송이 가능할 거예요. 만일, 우주에도 재난 문자 전송이 가능하다면 어떤 내용이 전송될지 상상해 보세요.

22-1 신기한 뉴스 키워드: 이육사, 민족 시인, 순국

「광야」 시인 이육사 순국 80년, 중국에서 추모제 열려

이육사

「광야」 시인 이육사의 순국 80주년을 맞아 중국 베이징에서 추모 행사가 열렸습니다. 이육사는 항일 민족 시인이자 독립운동가로, 「청포도」와 「광야」 같은 유명한 시를 썼어요.

행사는 이육사가 순국한 지하 감옥이 있던 곳에서 진행됐어요. 원래는 건물 내부에서 행사를 하려고 했지만, 주민들이 외부인의 출입을 막아 어쩔 수 없이 건물 앞 골목에서 제사상을 올렸다고 해요. 이 행사는 2019년부터 매년 열리고 있습니다.

이육사는 1904년에 태어나 1925년 독립운동단체 의열단에 가입했어요. 1927년에는 독립운동가 장진홍의 '조선은행 대구지점 폭파 사건'에 연루되어 대구형무소에서 감옥살이를 했고요. 이때 수인번호 264를 따서 자신의 호를 '육사'로 지었습니다. 1930년에는 첫 시 「말」을 발표하며 시인으로 등단했어요.

이육사는 40년이라는 짧은 생애 동안 총 17번이나 감옥에 갇혔어요. 건강이 나빠지면서도 한국과 중국을 오가며 많은 작품을 남겼죠. 1943년에 한국으로 돌아왔다가 다시 체포되어 베이징 감옥으로 압송되었는데, 결국 1944년 1월에 폐 질환으로 순국했어요.

이육사의 삶과 업적을 기억하며, 그의 희생을 기리기 위해 매년 추모 행사가 열리고 있어요. 이육사가 어떻게 살았는지 모두 기억하길 바랍니다.

개념 어휘
1. 순국: 나라를 위하여 목숨을 바치는 것.
2. 추모: 죽은 사람을 그리며 생각하는 것.
3. 항일: 일본 제국주의에 맞서 싸우는 것.
4. 연루: 남이 저지른 범죄에 연관되는 것.
5. 압송: 피고인 또는 죄인을 어느 한 곳에서 다른 곳으로 호송하는 것.

정리해 볼까요?

1. 「광야」 시인 이육사의 추모 행사가 열린 곳은 어디인가요?

2. 이육사가 쓴 유명한 시 2가지는 무엇인가요?

3. 문단별 내용 정리
   1문단 : 이육사의 순국 추모 행사
   2문단 :
   3문단 :
   4문단 :
   5문단 :

4. 이육사의 본명은 '이원록'이었어요. 그런데 왜 자신의 호를 '육사'라고 지었는지 그 이유를 기사 속에서 찾아 보세요.

생각해 볼까요?

5. '이육사'는 자신의 이름을 '이육사'로 부르면서 어떤 생각을 했을지 상상해 보세요.

22-2 우당탕 교과서 관련 단원: 5-2 일제의 침략과 광복을 위한 노력

일제 강점기에 민족 운동을?

관장님: 여기는 일제 강점기 때를 배경으로 한 박물관이란다. 오늘은 너희들에게 우리나라가 일본에 식민지로 지배당했을 때 어떤 일이 있었는지 좀 더 자세히 이야기해 주려고 해.

미주: 어떤 일이 있었는데요?

관장님: 일본은 우리나라에 '조선 총독부'라는 통치 기관을 만들어서 언론을 통제하고 헌병 경찰제를 실시했단다. 그리고 전국적으로 토지 조사 사업을 벌여서 우리 땅을 빼앗았다고 해.

선영: 어머, 그렇게 나쁜 짓을 했다니 정말 화가 나네요. 우리나라 사람들은 어떻게 했나요?

관장님: 우리나라 사람들도 포기하지 않고 독립운동을 펼쳤어. 곳곳에서 비밀 결사 조직이 만들어졌지. 예를 들어 안창호와 이회영, 김구 같은 분들은 다른 애국열사들과 함께 신민회라는 비밀 결사를 만들었단다.

민수: 와, 정말 대단하네요! 사람들이 비밀을 잘 지켰나요?

관장님: 그렇단다. 하지만 일본이 점점 더 강압적으로 사람들을 탄압하다 보니, 많은 민족 지도자들이 국외로 피신해서 독립운동 단체와 학교를 만들었지. 안창호 열사는 미국으로 가서 흥사단을 세웠고, 이회영 같은 분은 형제들과 함께 만주로 가서 신흥무관학교를 세웠어.

미주: 포기하지 않고 계속 독립운동을 한 거군요. 정말 대단하네요!

관장님: 그렇지! 그들의 용기와 헌신 덕분에 우리나라가 마침내 독립을 쟁취할 수 있었어. 우리가 지금 자유롭게 살 수 있는 것도 모두 그들 덕분이라고 할 수 있단다.

선영: 슬프지만 멋진 이야기인 것 같아요. 다른 이야기도 또 들려주세요.

민수: 맞아요. 다른 이야기도 궁금해요.

조선 총독부

교과서 톺아보기

1. 일제의 식민 통치와 민족 운동에 대해 정리해 보세요.

1910년 한일 병합 조약 이후 일제의 식민지 통치 정책	- 식민지 통치 기관인 (　　　　　　)를 설치함 - 신문 발행과 집회를 금지하여 (　　　　　　　)을 통제함 - (　　　　　　) 경찰제를 실시함 - 전국적으로 (　　　　　　) 사업을 실시함
국내외의 민족 운동	- 국내에서 여러 (　　　　　　　) 결사가 만들어짐 - 일부 민족 지도자들은 일제의 탄압을 피해 (　　　　　)로 이주 - 만주에 독립운동 단체와 학교를 세움 - 미국의 안창호, 만주의 이회영 등이 활약함

2. 미국에서 흥사단을 세워서 미국 지역의 독립운동을 지휘한 사람은 누구일까요? 본문 내용에서 찾아서 써 보세요.

생각해 볼까요?

3. 1930년대 이후 일제는 이름을 일본식으로 바꾸게 하고 한국인과 물자를 강제로 수탈했으며 전국의 신사에 강제로 참배하게 했어요. 또 학교에서 한국어와 한국의 역사를 공부할 수 없게 했어요. 그 이유가 무엇일까요? 자료를 조사해 보고 자신의 생각을 정리해 보세요.

22-3 생각 쑥쑥! 배경 지식을 넓혀라

민족의 아픔을 표현한 저항 시인들

1910년부터 1945년까지 대한민국을 식민지로 지배했던 일본의 지배 시기를 일제 강점기라고 해요. 이 시기 동안 우리는 많은 고통과 억압을 겪었어요.

일본은 한국을 지배하기 위해 다양한 정책을 실시했어요. 한국의 문화와 언어 사용을 금지하고 일본어와 문화를 강요했고, 한국인들을 강제로 노동에 동원하기도 했어요. 일본군에 강제 징용해 전쟁터에 내몰기도 했고요.

이런 일본에 맞서 많은 한국인들이 독립운동을 전개했어요. 그중에서 민족의 아픔을 시로 표현하며 독립 의지를 보여 준 시인들도 있어요. 이상화, 이육사, 윤동주, 한용운 등이 대표적인 저항 시인이에요.

이상화의 대표작 「빼앗긴 들에도 봄은 오는가」는 일제 강점기 민족의 아픔을 잘 표현하고 있어요.

이육사는 평생 항일 운동을 했어요. 그는 대구형무소에 투옥된 경력이 있으며, 그때 죄수 번호가 264번이어서 자신의 이름을 이육사라고 정했어요. 그의 작품들은 대부분 민족의 고난과 투쟁을 잘 보여 줘요.

윤동주는 일제 강점기 동안 많은 시를 남겼어요. 대표작 「서시」와 「별 헤는 밤」은 민족의 아픔과 고뇌를 잘 표현하고 있어요. 아름다운 우리말을 많이 사용해서 시의 아름다움과 독립의 의지를 함께 느낄 수 있어요.

한용운은 3·1 운동을 주도했어요. 평생 적극적으로 독립운동을 했는데, 그의 대표작 「님의 침묵」은 일제 강점기 민족의 아픔을 잘 표현하고 있어요.

이들의 작품은 민족의 아픔을 시로 표현하며 독립 의지를 보여 주었어요. 그들의 작품은 오늘날까지도 우리에게 큰 울림을 주고 있어요. 시간이 되면 이상화, 이육사, 윤동주, 한용운 시인의 시를 꼭 한 번 읽어 보세요. 그리고 그 시인들이 시를 통해서 말하고 싶었던 것이 무엇인지 생각해 보세요.

어휘 통통

1. 다음 단어와 뜻을 짝지어 보세요.

   ① 지배 ·　　　　　　　· ㉠ 자유롭게 행동하지 못하게 억지로 억누르는 것

   ② 억압 ·　　　　　　　· ㉡ 일제 강점기에 조선 사람을 강제로 동원한 것

   ③ 징용 ·　　　　　　　· ㉢ 어떤 대상을 복종하게 해서 다스리는 것

2. 이 글에 나온 우리나라의 대표적인 저항 시인을 모두 찾아서 써 보세요.

생각해 볼까요?

3. 저항 시인의 시를 찾아 읽어 보고 그중 가장 마음에 드는 시를 써 보세요.

4. 저항 시인들은 자신의 목숨보다 나라의 독립을 더 중요하게 생각했기 때문에 이렇게 저항시를 쓸 수 있었어요. 여러분도 나의 소중한 것을 포기할 만큼 중요하다고 생각하는 것이 있나요? 만일 그런 것이 있다면 그것을 지키기 위해서 어떤 노력을 할 수 있는지 써 보세요.

23-1 신기한 뉴스 키워드: 특별자치시, 자치권, 문화유산

강원특별자치도를 축하합니다

　강원도는 2023년 6월, 제주도에 이어 세 번째로 특별자치시도 지위를 획득했어요. 이를 통해 강원도는 위치상 겪었던 다양한 규제를 상당 부분 완화할 수 있게 되었습니다. 특히 환경, 국방, 산림, 농지 등 4대 분야의 규제가 해소되어 지방 분권이 실현될 수 있는 토대가 마련되었어요.

　또한 국가 기관에 별도 계정이 설치되어 연간 3조~4조 원 규모의 추가 재정을 확보할 수 있게 되었어요. 이는 강원도의 재정 자립도를 높이고, 지역 발전을 위한 다양한 사업을 추진할 발판이 될 예정이에요. 또 정부의 감사를 받지 않고 도지사 직속 감사위원회가 자치 감사를 실시할 수 있어 자치권이 더욱 강화되었어요.

　강화된 자치권 덕분에, 강원도는 지역의 문화유산을 지키기가 보다 쉬워졌어요. 자치권 확대와 규제 완화를 통해 강원도는 그동안 보호하기 어려웠던 문화유산들을 체계적으로 관리하고 보존할 수 있는 여건이 마련되었어요.

　강원특별자치도 출범을 위해 강원도는 행정구역 명칭 변경, 청사 간판 및 안내 표지판 교체 등 다양한 준비 작업을 진행했어요. 앞으로 강원도는 새롭게 변화해서 멋지게 발전해 나갈 것으로 기대돼요. 강원도의 지역 특성을 살리고 도민들의 삶의 질이 향상되기를 바랍니다.

개념 어휘
1. 지위: 개인의 사회적 신분에 따르는 위치나 자리.
2. 획득: 얻어 내거나 얻어 가지는 것.
3. 규제: 규칙이나 규정에 의해 일정한 한도를 정하는 것.
4. 완화: 긴장된 상태나 급박한 것을 느슨하게 하는 것.
5. 재정: 국가나 지방 자치 단체가 행정 활동이나 공공 정책을 위해 자금을 만들어 관리하고 이용하는 것.

정리해 볼까요?

1. 강원도는 몇 번째로 특별자치시도의 지위를 획득했나요?

2. 강원도는 연간 추가 재정을 얼마나 확보할 수 있나요?

3. 특별자치도는 누구에게 감사를 받나요?

4. 문단별 내용 정리

    1문단 : 특별자치시도의 지위를 획득한 강원도

    2문단 :

    3문단 :

    4문단 :

생각해 볼까요?

5. 강원도가 특별자치도가 된 것이 강원도의 지역 발전과 다른 시도에 어떤 영향을 줄까요? 자신의 생각을 정리해 보세요.

23-2 우당탕 교과서 관련 단원: 3-1 우리 고장의 문화유산

우리 동네 문화유산 지키기 대작전

수업 시간에 선생님께서 우리 동네 문화유산에 대해 조사해 보라는 숙제를 내주었어요. "옛날부터 전해 내려오는 문화 중 오늘날에도 의미가 있고, 다음 세대에 물려줄 만한 가치가 있는 걸 문화유산이라고 한단다. 다음 시간에는 우리 동네 문화유산에 대해 조사한 뒤 발표를 해 보자."

우리 문화유산 중 하나인 한옥

윤아가 살고 있는 마을에는 아름다운 전통 가옥들이 많이 있었어요. 윤아는 이 전통 가옥들이 정말 멋지다고 생각했죠. 그래서 마을의 전통 가옥들을 조사할 문화유산으로 정했어요.

"엄마, 저 전통 가옥들 정말 멋지지 않아요? 우리 조상들의 지혜와 정성이 깃들어 있는 것 같아요."

윤아는 전통 가옥들의 사진을 찍고 자세히 관찰했어요. 지붕의 곡선과 기둥의 세밀한 장식들이 정말 인상적이었죠. 윤아는 더 알고 싶어서 마을 어르신들에게도 질문했어요.

"이 전통 가옥들은 언제 지어진 건가요? 그리고 어떤 의미가 있나요?"

윤아는 학교 숙제와는 별개로 좀 더 깊이 있게 조사하고 싶어졌어요. 그래서 문헌 조사와 전문가 인터뷰도 하기로 했어요. 도서관에 가서 전통 가옥에 관한 책도 찾아보고, 전통 가옥 전문가에 누가 있는지도 찾아보았죠. 또 더 많은 전통 가옥들을 직접 방문해 추가 사진을 찍고 세부 사항을 기록했어요.

윤아는 조사한 내용을 정리하여 마을 게시판에 글을 올렸어요. "우리 마을의 문화유산들을 잘 보존하고 관리해서 우리 후손들에게 물려줘야 해요. 우리 모두가 힘을 합치면 가능할 거예요." 마을 사람들은 윤아의 글을 읽고 찬성의 박수를 보냈어요.

윤아의 노력 덕분에 전통 가옥들은 다시 한번 빛을 발하게 되었고, 마을 사람들이 동네의 문화유산들에 대해 좀 더 관심을 가지게 됐어요. 이제 마을 사람들은 이 소중한 유산들을 잘 보존하고 관리하여, 우리 후손들에게 물려줄 거예요.

교과서 톺아보기

1. 문화유산은 무슨 뜻인지 정리해 보세요.
   (　　　　　　　　)부터 전해 내려오는 (　　　　　　　) 중 오늘날에도 (　　　　　　　)가 있고 다음 세대에 물려줄 만한 가치가 있는 것

2. 문화유산의 종류에 대해 정리해 보세요.
   1) 궁궐, 석탑 등 형태가 있는 문화유산: 유형 문화유산
   2) 음악, 놀이, 작품 만드는 기술 등 형태가 없는 문화유산: (　　　　　) 문화유산

3. 다음 나열된 보기 중에서 문화유산을 조사하는 과정을 순서대로 정리해 보세요.

   ① 조사할 문화유산 정하기
   ② 문화유산에 대한 기초 자료 찾기
   ③ 본격적인 조사 활동하기
   ④ 문화유산 사진을 찍거나 관찰하기
   ⑤ 본격적인 조사 방법 정하기
   ⑥ 조사한 내용 정리하기

생각해 볼까요?

4. 우리 고장에는 어떤 문화유산이 있나요? 문화유산을 찾아보고 직접 보러 가 보세요. 그리고 그 문화유산을 다른 고장의 사람들에게 소개하는 글을 써 보세요.
   ① 우리 고장에 있는 문화유산:

   ② 소개할 내용:

23-3 생각 쑥쑥! 배경 지식을 넓혀라

문화유산 관리를 위한 '한국 원칙' 선포

국가유산청은 2022년 국제기념물유적협의회(ICOMOS) 한국위원회와 한국전통문화대학교와 함께 '문화유산 가치 보존을 위한 한국 원칙'을 만들어 했어요. 이 원칙은 우리나라 문화유산의 특성을 잘 반영하고 있어요.

이미 영국이나 중국, 호주 같은 다른 나라들도 자기 나라에 맞는 문화유산 보존 원칙을 만들어 사용하고 있답니다. '한국 원칙'은 문화유산을 어떻게 보존하고 활용할지에 대한 기준과 방법을 알려 줘요. 이 원칙은 총 5개 장, 30개 조항으로 구성되어 있어요.

- **보존 원칙:** 문화유산은 가치에 기반해 보존하며, 가치는 원래 그대로 구현되어야 해요. 따라서 문화유산을 가지고 뭔가를 하려고 할 때는 진정성, 완전성, 지속가능성을 고려해서 신중하게 접근해야 해요.
- **가치의 이해와 적용:** 문화유산이 지닌 가치에는 미적, 사회적, 역사적, 학술적 가치가 있어요. 시간이 지나면 가치도 달라질 수 있기 때문에 주기적인 재평가가 필요해요.
- **보존 과정:** 문화유산을 잘 보존하기 위해서는 그에 맞는 체계적인 지침이 필요해요. 조사 및 연구, 중요성 평가, 계획 수립, 계획 실행, 모니터링 및 관리의 순서에 따라요.
- **보존 조치:** 문화유산을 수리할 때는 유형적 차원(유지 관리, 손상 방지, 수리, 복원 및 정비)과 무형적 차원이 있어요. 따라서 그에 맞는 수리 방법을 골라야 해요.
- **관리와 활용:** 평소에 문화유산을 관리할 때의 기본 원칙과 디지털 기술을 활용할 때 생각해 봐야 할 사항을 정리하고, 이에 따라요.

어휘 통통

1. '보존'의 뜻을 사전에서 찾았어요. '보존'의 뜻을 살릴 수 있도록 짧은 글을 만들어 보세요.

   잘 보호하고 간수하여 남김

   ....

2. 다음 단어들 중 '보존-보전'과 비슷한 관계를 가진 단어를 찾아보세요.
   ① 운영-운용   ② 말씀-말
   ③ 다리-팔   ④ 남자-여자

3. 문맥을 보고 _____ 안에 들어갈 가장 적절한 말을 찾아보세요.
   ① 선거   ② 선의
   ③ 선포   ④ 선비

4. 이 글을 읽고, 모르거나 어려운 단어가 있다면 국어사전에서 단어의 뜻을 찾아보세요.
   ① 모르는 단어:
      뜻:
   ② 모르는 단어:
      뜻:

24-1 신기한 뉴스 키워드: 살기 좋은 곳, 세계의 도시

세계에서 가장 살기 좋은 도시

팬데믹 이후 전 세계 많은 도시의 삶의 질이 상승하고 있어요. '이코노미스트 인텔리전스 유닛'의 연례 '세계 살기 좋은 도시 지수'에 따르면, 올해 지수는 15년 만에 최고치를 기록했어요. 안정성 점수는 하락했지만, 아시아, 중동, 아프리카에서 의료와 교육 점수가 상승하며 지수가 올랐다고 해요. 문화 및 환경 점수도 상승했고요.

비엔나는 안정성, 의료, 교육, 인프라 부문에서 만점을 받아 1위를 차지했습니다. 주민들은 잘 보존된 역사, 믿을 수 있는 대중교통, 저렴한 보육 시설 등으로 인해 비엔나를 최고 살기 좋은 도시로 꼽았어요. 멜버른과 시드니는 각각 3위와 4위를 차지했어요. 멜버른은 문화와 환경에서 높은 점수를 받았고, 다양한 이벤트와 명소가 큰 장점으로 꼽혔어요.

밴쿠버는 숲과 바다, 다양한 음식 문화, 친절한 주민들로 살기 좋은 도시라고 평가받았어요. 오사카는 안정성, 의료, 교육 부문에서 만점을 받았고, 저렴한 생활비와 안전한 환경이 큰 장점이라고 평가받았어요. 오클랜드는 문화 및 환경 점수가 높아 공동 10위를 차지했어요. 아름다운 자연환경과 다양한 이벤트가 오클랜드의 장점이지요.

이들 도시는 각기 다른 매력과 장점을 지니고 있으며, 주민들은 이러한 요소로 자신들의 도시를 살기 좋은 곳으로 평가했습니다.

오스트리아 비엔나

개념 어휘
1. 상승: 낮은 데서 위로 올라가는 것.
2. 연례: 해마다 하는 일정하게 정해진 규칙.
3. 명소: 경치나 고적, 산물 따위로 널리 알려진 곳.
4. 만점: 꽉 찬 점수.

정리해 볼까요?

1. 비엔나가 '세계 살기 좋은 도시 지수'에서 1위를 차지한 이유는 무엇이었나요? 어떤 부문에서 만점을 받았는지 쓰세요.

2. 멜버른이 높은 점수를 받은 2가지 부문은 무엇일까요?

3. 문단별 내용 정리
    1문단 : 세계 살기 좋은 도시 지수가 15년 만에 최고치 기록
    2문단 :
    3문단 :
    4문단 :

생각해 볼까요?

4. 세계에서 가장 살기 좋은 도시에 선정된 도시 중 가장 가고 싶은 곳은 어디인가요? 그 이유는 무엇인지 써 보세요.

5. 기사에서 2위 도시는 나오지 않았어요. 세계에서 가장 살기 좋은 도시 2위는 어디일까요? 그 이유는 무엇인지 추측해서 써 보세요.

세계 여러 나라들의 독특한 모습들

"서연아. 할아버지가 너에게 들려주고 싶은 이야기가 있단다."

"그게 뭐예요?"

"할아버지가 해외여행을 갈 때마다 느낀 게 있어. 세상에는 다양하고 독특한 생활 방식들이 있단다. 프랑스에서는 수백 가지나 되는 치즈를 만들어 먹고, 가나에서는 전통적으로 켄테라는 옷을 입고, 인도에서는 옷을 자르거나 바느질하지 않고 천으로 몸을 감싸는 것이 깨끗하다고 여기더구나."

"맞아요. 지난번에 할아버지랑 타이에 갔을 때 하천 주변에 배를 이용한 수상 시장이 발달해 있어서 엄청 신기했어요."

"맞아. 뉴질랜드에 갔을 때는 마오리족의 전통 음식인 화산의 열로 익힌 고기와 채소를 먹기도 했지. 그린란드에서 개 썰매를 교통수단으로 이용하는 게 어찌나 신기하던지. 나라마다 자신들의 문화와 환경에 맞는 독특한 생활 방식을 발전시켜 온 거야."

"맞아요. 할아버지가 찍은 사진 봤어요."

"그런데 안타까운 소식을 들었어. 요즘 지구 환경이 변화하면서 전통 생활 방식이 위협받고 있다는구나. 환경 오염과 기후 변화가 심각해져서 일부 지역에서는 전통 농작물 재배가 어려워지고 전통 요리 방식에도 영향을 미친다고 해."

"저도 걱정이 돼요."

"너희가 살 세상이 걱정이야. 나만 그런 생각을 한 건 아닌지 전 세계적으로 환경을 보호하고 지속 가능한 생활 방식을 위해 노력하고 있단다. 필요 없는 물건 안 사기, 재활용하기, 에너지 사용 줄이기만으로도 큰 변화를 만들 수 있지. 실천을 통해 지구를 아름답게 가꾸었으면 좋겠구나."

"할아버지, 걱정 마세요. 저희도 함께 노력할게요."

교과서 톺아보기

1. 옆의 글을 참고해서, 다음 빈칸에 알맞은 나라를 넣어 주세요.

영향	나라	내용
인문환경의 영향	프랑스	수백 종류의 치즈를 만들어 먹는 것
	( )	전통적으로 켄테를 입는 것
	인도	자르거나 바느질하지 않은 옷으로 몸을 휘감는 것
자연환경의 영향	( )	하천 주변 수상 시장이 발달한 것
	뉴질랜드	화산의 열로 고기와 채소를 익혀 먹는 것
	( )	개 썰매를 교통수단으로 이용하는 것

생각해 볼까요?

2. 지우네 동네에는 맑고 깨끗한 강이 흘렀어요. 하지만 최근 공장에서 나오는 오염물질과 농장에서 사용하는 비료와 농약이 강물로 흘러들어 강물이 오염되었어요. 이러한 상황을 바탕으로 환경 오염이 우리 생활에 미치는 영향에 대해 생각해 보고, 이를 줄이기 위해 우리가 할 수 있는 일이 무엇인지 2가지를 써 보세요.

24-3 생각 쏙쏙! 배경 지식을 넓혀라

자연환경이 도시 생활에 미치는 영향

자연환경은 우리가 사는 도시에 큰 영향을 미쳐요. 도시의 고유한 자연환경은 그 도시의 생활 방식과 경제에도 중요한 역할을 해요.

오스트리아의 비엔나는 큰 산과 도나우강이 흐르는 도시예요. 비엔나 사람들은 자전거를 타고 산책을 즐기거나, 산악자전거, 하이킹 등을 통해 자연  을 만끽해요. 또 비엔나의 공원에서 휴식을 취하고 여가 시간을 보내기도 해요. 비엔나의 자연환경은 도시 생활의 질을 높여 주지요.

캐나다의 밴쿠버는 바다와 산이 가까이 있는 도시로, 주민들은 다양한 야외 활동을 즐겨요. 수영, 등산, 스키 등의 활동은 건강에도 좋고 행복감을 주지요. 환경 보호에 대한 의식도 높아, 주민들은 자연   을 보호하기 위해 많은 노력을 기울여요.

호주의 멜버른은 해변과 공원이 많은 도시로 유명해요. 멜버른 사람들은 주말이나 휴일에 해변에서 수영이나 서핑을 즐기거나, 공원에서 피크닉을 하며 여가 시간을 보내요. 또 멜버른에는 다양한 식물을 볼 수 있는 식물원이 있어, 자연을 사랑하는 사람들이 많이 찾아요.

이 도시들은 기후도 . 날씨가 좋으면 밖에서 활동하기 좋고, 추우면 실내에서 놀거든요. 밴쿠버는 온화한 기후로 바다에서 놀기 좋고, 사계절이 뚜렷한 비엔나는 다양한 계절별 활동을 즐길 수 있어요.

또 자연환경은 경제에도 도움을 줘요. 밴쿠버는 바다 덕분에 어업이 발달했고, 비엔나는 아름다운 자연환경과 문화유산 덕분에 관광객이 많아요. 이렇게 자연환경은 도시의 경제를 돕고, 일자리 창출과 지역 경제 활성화에 기여해요.

자연환경은 우리가 사는 도시에 큰 영향을 줘요. 자연을 잘 보호하고 자연과 함께 행복하게 살아가는 것이 중요해요.

어휘 통통

1. 다음 중 밴쿠버에서 사람들이 주로 즐기는 야외 활동이 아닌 것은 무엇인가요?

　① 수영　　　　② 스키　　　　③ 등산　　　　④ 카누

2. 왼쪽 글의 　　　　　　　 안에 들어갈 말로 가장 적절한 것은 무엇일까요? 다음 보기 중에서 골라 보세요.

　　지치다　　　밉다　　　다르다　　　짜증나다　　　속상하다

3. 이 글을 읽고, 모르거나 어려운 단어가 있다면 국어사전에서 단어의 뜻을 찾아보세요.
　① 모르는 단어:
　　뜻:
　② 모르는 단어:
　　뜻:

생각해 볼까요?

4. 내가 살고 있는 고장의 자연환경은 어떤가요? 사람들의 생활을 더 즐겁게 하는 자연환경에는 무엇이 있는지 적어 보세요.

25-1 신기한 뉴스 키워드: 전기차, 충전소, 인프라

확대되는 전기차 시장

인도는 전기 자동차(EV)를 많이 도입하려고 노력하고 있는 나라입니다. 많은 원유를 외국에서 수입하고 있기 때문에, 전기 자동차를 사용해서 원유 사용을 줄이고 환경도 보호하고자 한 거예요. 인도 정부는 2030년까지 많은 차를 전기 자동차로 바꾸자는 목표를 세웠어요.

전기차는 충전을 위한 인프라가 필요하다

전기 자동차를 대중화하려면 시간이 걸릴 수밖에 없어요. 전기 자동차를 충전할 수 있는 인프라가 아직 부족하고, 초기 구매 비용이 비싸기 때문이에요.

현재 인도 전기 자동차 산업에서는 긍정적인 변화들이 일어나고 있어요. 유명한 자동차 회사인 테슬라가 인도에 진출한다고 발표했고, 올라라는 회사도 전기 이륜차를 만들기 시작했어요.

또한 최근 인도 정부와 기업들은 충전 인프라를 구축하기 위해 노력하고 있어요. 덕택에 전기 자동차 보급이 점차 확대되고 있어요. 인도 전역에 많은 충전소가 설립되면 사람들이 전기 자동차를 더 편리하게 이용할 수 있을 거예요.

전기 자동차가 좀 더 대중화되려면, 정부와 기업의 더 많은 협력이 필요해요. 그 과정은 힘들겠지만 인도 정부의 목표가 잘 이루어질 경우, 원유 사용도 줄이고 환경도 보호할 수 있을 것으로 기대됩니다.

개념 어휘

1. 원유: 땅속에서 뽑아낸, 정제하지 않은 그대로의 기름.
2. 진출: 어떤 방면으로 활동 범위나 세력을 넓혀 나가는 것.
3. 구축: 체제, 체계 따위의 기초를 닦아 세우는 것.
4. 보급: 널리 펴서 많은 사람들에게 골고루 미치게 하여 누리게 하는 것.
5. 설립: 기관이나 조직체 따위를 만들어 일으키는 것.

정리해 볼까요?

1. 인도가 전기 자동차를 많이 도입하려고 하는 이유는 무엇인가요?

2. 인도 정부는 전기 자동차와 관련하여 2030년까지 어떤 목표를 세웠나요?

3. 전기 자동차를 대중화하는 데 시간이 걸리는 이유는 무엇인가요?

4. 문단별 내용 정리
   1문단 : 2030년까지 전기 자동차 도입을 목표로 하는 인도
   2문단 :
   3문단 :
   4문단 :
   5문단:

생각해 볼까요?

5. 전기 자동차를 사용하는 것이 환경 보호에 왜 도움이 될까요? 내 생각을 써 보세요.

6. 전기 자동차를 더 많이 사용하면 우리 생활에 어떤 변화가 있을까요? 내 생각을 써 보세요.

25-2 우당탕 교과서   관련 단원: 3-1 교통수단의 발달과 생활 모습의 변화

재윤이의 미래 일기

| 2050년 5월 1일 월요일 | 날씨: 인공 해가 밝게 빛남 |

오늘 아침, 집에서 편안하게 하루를 시작했다. 스마트폰으로 집 안의 온도와 조명을 조절하고, 냉장고에 있는 식재료로 아침 식사를 준비했다. 스마트 가전제품들이 내 취향과 생활 패턴을 학습해 최적의 환경을 만들어 주었다.

출근 준비를 하면서 스마트 카를 불러 집 앞으로 오게 했다. 스마트 카가 스스로 최적의 경로를 찾아 안전하게 회사로 데려다 주었다. 운전석에 앉아 가상현실 게임을 즐기며 편안하게 출퇴근할 수 있었다. 스마트 카를 이용하면 차량 정체가 없어 매우 편리하다.

점심시간에는 화상 진료 서비스를 이용해 회사에서 의사와 상담했다. 원격 의료 기술이 발달해 언제 어디서든 건강 관리가 가능하다.

퇴근 후에는 스마트홈 기술을 이용해 집에서 편안하게 휴식을 취했다.

오늘은 학교에서 미래 생활 전시관으로 체험학습을 왔다. 체험이 끝나고 일기를 쓰는 시간이 있었는데 나는 미래 생활 전시관에서 경험한 미래의 내 모습을 썼다.

정말로 이렇게 생활한다면 좋을 것 같다. 사물인터넷, 인공지능, 원격 의료 등 첨단 기술의 발전으로 우리의 일상생활이 더욱 편리해지고 있다. 여기에 생성형 AI까지 도입된다면 지금 내가 상상할 수 없을 정도로 우리의 삶이 달라질 것이다.

교과서 톺아보기

1. 우리 미래 사회는 어떤 모습일까요? 옆의 글을 참고해서 빈칸에 알맞은 말을 적어 보세요.

   1) 직접 병원에 가지 않아도 아플 때 의사와 (　　　　　) 서비스를 받을 수 있음
   2) (　　　　)으로 집 안의 가전제품을 작동시키고 집 안의 온도를 관리할 수 있음
   3) (　　　　　　): 사람이 직접 운전하지 않아도 스스로 가장 알맞은 길을 찾아 목적지까지 안전하게 데려다주는 자동차

2. 무엇이 재윤이의 취향과 생활 패턴을 학습해서 최적의 환경을 만들어 주었나요?

3. 일기 속 재윤이는 출퇴근할 때 운전석에서 무엇을 했나요?

생각해 볼까요?

4. 우리 집을 살펴보고 사물인터넷이나 인공지능 등을 활용하고 있는 것이 무엇인지 찾아보세요. 그리고 그 물건이 어떻게 작용되고 있는지 써 보세요.

25-3 실력 쑥쑥! 어휘를 알려 줘

사물인터넷

사물인터넷(IoT)은 여러 기기가 인터넷으로 연결되어 서로 정보를 주고받는 기술이에요. 이 기술을 통해 다양한 기기들이 서로 대화하며 우리의 생활을 더 편리하게 만들어 줘요. 예를 들어, 스마트 냉장고는 우유가 떨어진 것을 스마트폰에 알려 줘서 우리가 쉽게 장을 볼 수 있게 해 줘요. 또 스마트 조명은 해가 지면 자동으로 켜지고 아침에 꺼져서 에너지를 절약할 수 있어요. 스마트 시계는 우리의 건강 상태를 체크해서 운동하라고 알려 주고, 심박수나 수면 패턴도 기록해 줘요.

사물인터넷은 집뿐만 아니라 학교, 병원, 공장 등 여러 곳에서 사용돼요. 사물인터넷은 우리의 일상을 더 스마트하고 안전하게 만들어 준답니다.

자율 주행 자동차

자율 주행 자동차는 사람이 운전하지 않아도 스스로 움직이는 차예요. 이 차는 여러 센서와 카메라, 그리고 레이더를 사용해서 도로와 주변 환경을 살펴보고, 컴퓨터가 직접 운전해요.

자동차가 신호등을 보고 빨간불이면 멈추고, 초록불이면 출발하는 거죠. 또, 앞차와의 거리를 유지하면서 안전하게 주행하고, 보행자가 갑자기 나타나면 멈추는 기능도 있어요.

자율 주행 자동차는 운전자의 실수를 줄여서 교통사고를 예방하는 데 큰 도움을 줄 수 있어요. 앞으로 더 많은 자율 주행 자동차가 도로에 다니게 되면, 우리가 더 안전하고 편리하게 이동할 수 있을 거예요. 자율 주행 자동차는 우리의 미래 교통을 변화시킬 중요한 기술이에요.

어휘 통통

1. 다음의 밑줄 친 부분에 들어갈 단어는 무엇일까요?

> 사물인터넷(IoT)은 여러 기기가 _____으로 연결되어
> 서로 정보를 주고받는 기술이에요.

2. 자율 주행 자동차의 뜻을 사전에서 찾아 보았어요. 사전에서 찾은 뜻을 바탕으로 내가 생각하는 자율 주행 자동차의 뜻을 써 보세요.

> 자율: 남의 지배나 구속을 받지 않고 스스로 어떤 일을 하는 것
> 주행: 주로 동력으로 움직이는 자동차나 열차 따위가 달리는 것
> 자동차: 원동기를 장치해 그 동력으로 바퀴를 굴려서 땅 위를 움직이도록 만든 차

생각해 볼까요?

3. 사물인터넷이 적용된 기기 중 하나를 선택해서, 그 기기가 어떻게 우리의 생활을 더 편리하게 만들어 주는지 생각해 보고, 그 이유를 써 보세요.

4. 자율 주행 자동차가 우리 생활을 어떻게 변화시킬 것인지 상상해 보세요. 그리고 내가 상상한 미래 사회를 써 보세요.

26-1 신기한 뉴스 키워드: 다문화, 다양성, 캠페인

다문화 캠페인에 참여해 볼까?

　우리 주변에는 여러 나라에서 온 사람들이 살고 있어요. 그들은 우리와 다른 문화를 갖고 있지만, 함께 어우러져 살아가고 있죠. 다양한 문화를 이해하고 서로 존중하는 방법을 배우기 위해 2023년에 '따뜻한 동행, 다 함께 캠페인'이 진행됐습니다.

　이 캠페인은 서로 다른 문화를 가진 사람들이 함께 어울려 살아가는 사회를 만들자는 의미에요. 한국에는 약 218만 명의 외국인이 살고 있는데, 이는 전체 인구의 4.2% 정도에 해당돼요. 2040년에는 이 숫자가 더 늘어날 것으로 예상되고 있죠. 하지만 아직도 다른 문화를 잘 이해하지 못하는 경우가 많아서 다문화 인식 개선이 필요해요.

　이 캠페인에서는 다문화 숏폼 영상 공모전도 개최했습니다. 다문화란 무엇인지, 다문화로 인한 갈등과 해소 사례를 60초 이내로 영상으로 표현하는 행사였어요. 다문화의 공존과 다양성을 표현하는 에피소드를 만든 다음, 신청서 양식을 내려받아 동영상 파일과 함께 이메일로 제출받았습니다.

　SNS 응원 캠페인도 진행됐어요. 정해진 동작을 취한 뒤 인스타그램에 영상을 올리고, 다음 캠페인 주자를 지목하는 것이었는데요, '#따뜻한동행', '#다함께캠페인' 해시태그를 달면 무작위 추첨으로 기프티콘 선물도 받을 수 있었습니다. 앞으로도 이런 다양한 캠페인을 통해 서로 다른 문화를 이해하고 존중하는 방법을 배우기를 바랍니다.

개념 어휘
1. 동행: 같이 길을 가는 것.
2. 어울리다: 함께 사귀어 잘 지내거나 분위기에 끼어들어 같이 휩싸이다.
3. 해소: 어려운 일이나 문제가 되는 상태를 해결하여 없애 버림.
4. 지목: 사람이나 사물이 어떠하다고 가리켜 정하는 것.
5. 무작위: 뽑힐 확률이 모두 같도록 함.

정리해 볼까요?

1. 한국에 살고 있는 외국인의 수는 약 몇 명일까요?

   ① 100만 명　　　　　　　　② 218만 명

   ③ 300만 명　　　　　　　　④ 500만 명

2. 캠페인에서 숏폼 영상 공모전의 영상 길이는 몇 초 이내여야 하나요?

   ① 30초　　　② 45초　　　③ 60초　　　④ 90초

3. 문단별 내용 정리

   1문단 : 다양한 문화를 이해하기 위한 캠페인

   2문단 :

   3문단 :

   4문단 :

생각해 볼까요?

4. 다문화 사회에서 서로 다른 문화를 이해하고 존중하는 것이 왜 중요할까요? 내 생각을 써 보세요.

5. 친구들과 함께 다문화 숏폼 영상 공모전에 참여하려고 해요. 어떤 주제로 영상을 만들고 싶은지, 그리고 왜 그 주제를 선택했는지 설명해 보세요.

추운 겨울 보내는 연우의 편지

서연이에게

서연아. 안녕? 잘 지내고 있니?

나는 오늘 문화와 편견, 차별에 대해서 배웠어. 그 이야기를 너와 나누고 싶어.

문화는 사람들이 공통적으로 가지고 있는 생활 방식을 말한대. 하지만 한 사회 안에서도 사람들 사이에 음식이나 옷차림 등이 다 다르게 나타날 수 있어. 그러고 보면 같은 사회에 살지만 다들 다른 모습으로 살아가는 것 같아.

그 얘기를 듣고 나니까 갑자기 우리 둘이 함께 보냈던 시간들이 새록새록 떠오르더라. 한 번은 우리가 추운 겨울날 길을 걸어가다가 길 위에 앉아 있는 노인 분을 발견했었잖아. 그때 그분께 따뜻한 차와 빵을 사 드렸는데 기억 나? 그분의 얼굴에 피어오른 미소를 보면서 우리도 함께 행복해졌던 것 같애.

그리고 작년 크리스마스에 우리가 동네 복지관을 방문했던 일도 있었잖아. 우리가 정성스럽게 만든 쿠키와 따뜻한 말 한마디로 어르신들의 얼굴에 환한 미소가 피어났던 그 순간이 잊히지 않아.

그때 나는 주변의 사람들을 대할 때 편견이나 차별의 마음을 갖지 않고 따뜻한 마음으로 대하면 이웃들의 삶에 따뜻한 온기를 전할 수 있다는 것을 깨달았어. 수업을 들으면서 이 기억들이 떠오른 걸 보면 이런 경험들이 내게 큰 감동이었던 것 같아.

앞으로도 우리가 서로를 이해하고 존중하며 살아가는 마음가짐을 잃지 않았으면 좋겠어. 그리고 우리 주변의 어려운 이웃들을 위해 작은 나눔을 실천하는 것도 잊지 말자.

잘 지내. 다음에 또 만나자.

연우가

교과서 톺아보기

1. 문화는 무엇인지 정리해 보세요.

   사람들이 공통적으로 가지고 있는 (   )

2. 연우의 편지에는 편견과 차별이라는 말이 나와요. 사전을 찾아 두 단어의 뜻을 찾아보고, 다음빈칸에 들어갈 말을 정리해 보세요.

   1) 편견: (   )하지 못하고 한쪽으로 치우친 생각
   2) 차별: 어떤 기준을 두어 대상을 (   )하고 다르게 대우하는 것

3. 서연이와 함께 보냈던 따뜻한 추억 2가지는 무엇인가요?

생각해 볼까요?

4. 서연이와 연우는 함께 이웃에 관심을 갖고 배려를 했어요. 여러분은 우리 사회를 따뜻하게 만들기 위해서 어떤 노력을 하고 있나요?

26-3 생각 쑥쑥! 배경 지식을 넓혀라

서양과 동양의 문화는 많이 달라

　동양과 서양은 문화와 역사가 달라요. 그래서 문학 작품에도 　　　　　　　가 많아요. 동양 문학은 자연의 아름다움과 인간의 내면세계를 표현하는 경우가 많아요. 하지만 서양 문학은 개인의 자유와 이성을 중요하게 여기는 경향이 있어요.

　또 동양 문학은 간결하고 함축적인 표현을 사용하지만 서양 문학은 좀 더 자세하고 구체적인 표현을 사용하는 편이에요. 동양 시는 짧고 함축적이고 서양 시는 좀 더 길고 자세하죠. 이런 차이로 그동안 동양 작가의 작품이 서양의 문학상을 받기가 어려웠어요. 수상자 명단에는 올랐다가 결국 탈락하는 경우가 많았어요. 서양 문학상 심사위원들이 동양 문학의 특성을 잘 이해하지 못하거나, 동양 문학을 서양 문학의 기준으로 평가했기 때문이에요.

　하지만 최근에는 동양 작가들이 서양 문학상을 받기 시작했어요. 우리나라의 작가들도 상을 받기 시작했는데 2020년에 백희나 작가가 아스트리드 린드그렌상을 받기도 하고, 2022년에는 이수지 작가가 한국인 최초로 한스 크리스티안 안데르센 상을 수상하기도 했어요.

　동양 작가들이 서양 문학상을 수상했다는 것은 서양 문학계가 동양 문학의 가치를 인정하기 시작했다는 의미예요. 서양과 동양의 문화가 서로 이해하고 존중하고 있다는 거죠. 이것은 동서양의 문학이 더욱 발전할 수 있는 계기가 될 거예요. 문학 작품을 통해서 문화 간 이해와 존중, 다양성 확대, 글로벌 교류 활성화 등이 이루어지는 것이죠.

　앞으로 더 많은 동양 작가들이 서양 문학상을 받을 수 있기를 기대해 봐요. 동양과 서양의 문화가 서로 이해하고 존중하면서, 더 다양한 문학 작품들이 세상에 나오면 좋겠네요.

어휘 통통

1. 왼쪽 글의 ☐☐☐☐☐ 안에 들어갈 말은 '다르다'와 같은 뜻을 가지고 있어요. 안에 들어갈 말은 무엇일까요?

2. 다음 단어 중 '교류'와 비슷한 말을 찾아 ◯ 해 보세요.

   평가   소통   완성   흐름   함축   탈락

3. 동양과 서양의 차이에 대해서 정리해 보았어요. 빈칸에 들어갈 말을 정리해 보세요.

동양	서양
(　　　　)의 아름다움과 인간의 내면 세계	개인의 (　　　　)와 (　　　　)을 중요하게 여김
간결하고 (　　　　)적인 표현	자세하고 (　　　　)적인 표현
짧고 함축적	길고 자세함

생각해 볼까요?

4. 문학상을 받은 작품들이 많이 있는데요, 여러분은 어떤 작품을 가장 좋아하나요? 가장 좋아하는 작품의 제목을 쓰고, 줄거리를 정리해 보세요.

   ① 가장 좋아하는 작품:

   ② 줄거리:

27-1 신기한 뉴스 키워드: 폐쇄 정책, 기술 보안

중국에서는 구글 금지

최근 마이크로소프트가 중국 지사 직원들에게 사내 안드로이드 기기 사용을 금지하고 아이폰만 쓰라고 지시해 화제를 모았어요. 이유는 바로 보안 때문인데요, 어떻게 된 일인지 좀 더 알아볼까요?

중국은 2014년부터 구글과 관련된 모든 서비스를 차단하고 있어요. 그래서 구글 검색이나 구글 플레이스토어 등을 전혀 이용할 수가 없고, 중국 기업이 만든 웨이보와 같은 플랫폼만 이용해야 해요.

그만큼 중국은 아주 엄격한 폐쇄 정책을 펼치고 있어요. '만리장성'에 빗대어서 '만리 방화벽'이란 별명을 가지고 있을 정도죠. 문제는 마이크로소프트 측도 중국에 정보가 넘어가는 것을 우려하고 있다는 점이에요. 마이크로소프트는 업무용 기기에 접속하려면, 신원 확인 앱으로 본인 인증을 반드시 해야 해요. 그런데 그 과정에서 중국에서 만든 플랫폼만 사용해야 하니, 중국에 정보가 넘어갈까 봐 걱정이 된 거죠.

이렇게 모바일 사용 체제를 둘러싼 신경전이 점차 심화되고 있어요. 이 같은 정보 전쟁은 최근 가장 주목받고 있는 인공지능으로도 이어지고 있는데요, 대표적으로 중국은 챗GPT를 비롯한 서구권의 AI 모델을 전면 금지하고 있는 상황이랍니다.

첨단 기술은 무서운 속도로 발전하며 세상의 변화를 주도하고 있지만, 보안을 둘러싼 국제 갈등 및 기업 간 냉전은 큰 변수가 될 조짐입니다. 우리나라의 발 빠른 대처가 중요한 시점이에요.

개념 어휘

1. 폐쇄: 문 따위를 닫아걸거나 막아 버림.
2. 신경전: 경쟁 관계에 있는 개인이나 단체 사이에서, 말이나 행동으로써 상대편의 신경을 자극하는 일이나 그런 싸움.
3. 심화: 정도나 경지가 점점 깊어짐.

정리해 볼까요?

1. 이 글에서 주로 논의된 주제는 무엇인가요?

   ① 환경 보호　　　　　② 첨단 기술과 보안

   ③ 스포츠 경기　　　　④ 음악 콘서트

2. 중국이 구글을 금지하는 이유는 무엇인가요?

3. 문단별 내용 정리

   1문단 : 마이크로소프트의 중국 지사 안드로이드 금지

   2문단 :

   3문단 :

   4문단:

   5문단 :

생각해 볼까요?

4. 기술이 발전할수록 이를 지키기 위한 노력이 필요하지만, 부작용도 일어날 수 있어요. 어떤 부작용이 있는지 기사의 내용을 참조해서 정리해 보세요.

5. 여러 기업이 협력하여 기술을 발전시키는 것이 왜 중요할까요? 그 이유를 2가지 써 보세요.

흥선 대원군의 정책을 살펴볼래?

조선 시대 말기, 흥선 대원군은 중요한 역할을 했어요. 그는 고종 황제의 아버지로, 약 10년 동안 조선을 다스렸습니다.

흥선 대원군은 조선을 더 강하게 만들기 위해 여러 가지 개혁을 시도했어요. 먼저, 백성들에게 피해를 주던 서원을 없애고 양반들에게도 군포라는 세금을 내게 했어요. 이렇게 양반들의 특권을 줄여서 왕권을 강화했죠.

또 외세의 침략을 격퇴하고 척화비를 세우는 등 조선의 힘을 키우는 데 집중했어요. 이렇게 안으로는 전제 왕권의 재확립을 위한 정책을 추진했고, 밖으로는 서구 열강의 침략적 자세에 강경하게 대응했어요.

흥선 대원군의 정책 중에는 문제가 있었던 것도 있어요. 특히 흥선 대원군이 강경하게 펼쳤던 쇄국 정책은 국제 교류를 단절시켜 조선을 국제적으로 고립시켰고, 서구의 문물과 기술 도입이 늦어졌어요. 근대화가 늦어지면서 외세의 침략에 대응하는 힘도 약해졌어요.

흥선 대원군은 조선을 강하게 만들기 위해 노력했지만, 새로운 것을 받아들이는 것이 늦어져 오히려 백성의 삶을 힘들게 만들기도 했어요. 변화와 발전을 위해서는 전통과 보수주의에 얽매이지 않는 개방적인 자세도 필요했던 거죠.

흥선 대원군의 개혁 정책은 조선 사회에 큰 변화를 가져왔지만, 동시에 문제점도 드러났어요. 그럼에도 불구하고 흥선 대원군의 노력은 조선 사회 발전에 중요한 기반이 되었답니다.

흥선 대원군

교과서 톺아보기

1. 흥선 대원군의 정책을 정리해 보세요.
   1) 백성들에게 피해를 주던 (   )을 정리
   2) 양반에게도 (   )를 내게 함
   3) 외세의 침략을 격퇴하고 (   )를 세움

2. 다음 문제를 풀어 보세요.
   1) 흥선 대원군은 양반들의 특권을 강화시키기 위해서 노력했다. (O , X)
   2) 흥선 대원군은 조선을 발전시키기 위해서 일본과 서양의
      여러 나라와 적극적으로 교류하려 했다. (O , X)

생각해 볼까요?

3. 흥선 대원군의 쇄국 정책은 그 당시 어쩔 수 없는 선택이었을 거예요. 하지만 쇄국 정책 때문에 우리나라의 근대화가 늦어지는 결과를 가져왔어요. 여러분도 그런 경험이 있나요? 어떤 경험이었는지 쓰고, 그때 내 생각과 마음을 써 보세요.

27-3 생각 쑥쑥! 배경 지식을 넓혀라

마리 퀴리, 새로운 세상을 만들다

마리 퀴리는 과학의 힘으로 새로운 세상을 만든 멋진 과학자예요. 그녀의 연구는 여러 방면에서 세상을 크게 변화시켰어요.

첫째, 마리 퀴리는 방사선을 이용해 암을 치료하는 방법을 발견했어요. 암은 몸속의 나쁜 세포가 자라는 병인데, 방사선을 쏘면 이 나쁜 세포들을 죽일 수 있어요. 그래서 많은 사람들이 방사선 치료로 건강을 되찾을 수 있었어요.

둘째, 마리 퀴리는 2가지 새로운 원소, 폴로늄과 라듐을 발견했어요. 이 발견은 과학자들이 물질의 성질을 더 잘 이해하고, 새로운 연구를 할 수 있게 도와줬어요.

마리 퀴리

셋째, 그녀의 연구는 원자력 에너지의 발전에도 큰 영향을 미쳤어요. 원자력 에너지는 아주 강력한 에너지로, 전기를 만드는 데 사용돼요. 우리가 사용하는 전기 중 일부는 이 원자력 에너지로 만들어져요.

넷째, 마리 퀴리의 연구는 과학 실험을 어떻게 해야 하는지에 대한 새로운 방법을 제시했어요. 그녀는 실험을 아주 정밀하게 하고, 데이터를 꼼꼼히 분석했어요. 그래서 다른 과학자들도 그녀의 방법을 따라 하게 되었어요.

마지막으로, 마리 퀴리의 연구는 여러 산업에서 사용되었어요. 방사선은 식품을 오래 보존하거나, 물건의 내부를 검사하는 데에도 사용돼요. 이렇게 마리 퀴리의 연구는 우리가 사는 세상을 더 편리하고 안전하게 만드는 데 큰 도움을 주었어요.

마리 퀴리의 연구 덕분에 우리는 더 건강하고 편리한 삶을 살 수 있게 되었어요. 우리는 모두 새로운 세상을 만들 수 있어요. 새로운 것을 받아들이려는 마음을 갖고 그것을 바탕으로 나만의 새로운 것을 만들어 보세요.

어휘 통통

1. 아래의 글에서 '정밀하게'의 뜻이 무엇일까요?

> 마리 퀴리는 실험을 아주 정밀하게 하고, 데이터를 꼼꼼히 분석했어요.

① 대충
② 정확하게
③ 대략적으로
④ 부주의하게

2. '새로운'이라는 말을 활용해서 짧은 글을 만들어 보세요.

3. 이 글을 읽고, 모르거나 어려운 단어가 있다면 국어사전에서 단어의 뜻을 찾아보세요.
   ① 모르는 단어:
      뜻:
   ② 모르는 단어:
      뜻:

생각해 볼까요?

4. 마리 퀴리는 새로운 과학 지식으로 세상을 더 좋게 만들었지만 흥선 대원군은 새로운 문화를 거부했어요. 두 사람의 선택이 각각 어떻게 다른 결과를 가져왔는지 생각해 보세요.

28-1 신기한 뉴스 키워드: 세시풍속, 전통

전통 세시풍속이 사라지고 있다

세시풍속은 한국의 전통문화 중 매우 중요한 부분이에요. 우리 조상들은 오랜 세월 동안 세시풍속을 지켜 왔죠. 세시풍속은 계절의 변화와 농사를 바탕으로 한 다양한 행사와 의식으로 이루어져 있는데, 이런 행사는 사람들 사이의 우정을 다지고 자연과 조화를 이루는 데 중요한 역할을 했습니다.

대표적인 세시풍속 중 하나인 강강술래

하지만 요즘은 세시풍속이 점점 사라지고 있어요. 정월대보름 행사는 1990년대 60%에서 2020년대 15% 이하로 급감했고, 강강술래는 2000년대 초반까지 50여 개 지역에서 열렸으나, 현재는 5개 이하 지역에서 열린다는 조사 결과가 나왔습니다. 설날의 연날리기도 참여율이 절반 이하로 감소했어요. 현대 사회에서는 생활 방식이 워낙 빨리 변해서 전통을 지키기가 어려워지고 있어요.

또 젊은 세대는 전통문화보다 현대 문화에 더 관심이 많아요. 인터넷과 SNS 덕분에 세계 여러 나라의 문화를 쉽게 접할 수 있기 때문이에요. 하지만 우리 전통문화가 사라지면 우리의 문화적 정체성이 위협받을 수 있어요.

세시풍속을 보존하고 이어가기 위해서는 정부와 지역 사회, 학교가 함께 협조해야 해요. 다양한 전통 행사를 활성화하고, 젊은 세대에게 전통의 중요성을 가르쳐야 합니다. 또 현대적인 요소를 접목하여 전통문화를 새롭게 해석하는 일도 중요해요.

개념 어휘
1. 의식: 행사를 치르는 일정한 법식.
2. 조화: 서로 잘 어울리는 것.
3. 정체성: 변하지 아니하는 존재의 본질을 깨닫는 성질.
4. 요소: 사물의 성립이나 효력 발생 따위에 꼭 필요한 성분.
5. 접목: 둘 이상의 다른 현상 따위를 알맞게 조화하게 함.

정리해 볼까요?

1. 세시풍속이 무엇이며, 우리 조상들에게 어떤 역할을 했나요?

　　　　　(　　　　　)의 변화와 (　　　　　)를 바탕으로 한
　다양한 (　　　　)와 (　　　　　)이다. 사람들 사이의 우정을 다지고
　　　(　　　　)과 (　　　　　)를 이루는 데 중요한 역할을 했다.

2. 젊은 세대가 현대 문화에 더 관심을 갖는 이유는 무엇인가요?

3. 문단별 내용 정리

　1문단 : 계절 변화와 농사를 바탕으로 한 세시풍속
　2문단 :
　3문단 :
　4문단 :

생각해 볼까요?

4. 여러분은 전통 세시풍속을 경험해 본 적이 있나요? 현대 문화와 이 세시풍속을 어떻게 접목하면 좋을지 자신의 생각을 써 보세요.

　① 내가 경험한 세시풍속:

　② 현대 문화와 접목하는 방법:

추석 풍경이 달라졌어요

1979년 추석 전날의 풍경

1979년. 추석 전날이라 그런지 다들 매우 활기차고 따뜻하다. 평소의 모습과 다르게 다들 들떠 있다. 농사를 짓는 우리 마을 사람들은 농사를 지은 것으로 음식을 만든다.

우리 집은 추석 전날이 되면 온 가족이 함께 모여 음식을 준비한다. 오늘도 어머니와 할머니는 송편을 빚고, 아버지와 할아버지는 제사를 지낼 준비를 하신다. 추석날 아침이 되면 차례를 지내며 조상님께 감사의 인사를 올린다. 차례상에는 올해 농사를 지은 곡식과 과일이 가득하다. 차례를 지내고 나면 마을 사람들과 서로 음식을 나눈다. 나와 동네 아이들은 마당에서 윷놀이를 하고, 어른들은 강강술래를 한다.

우리에게 추석은 단순한 명절이 아니라, 가족과 마을 사람들이 함께 모여 풍년을 기원하고, 서로의 건강을 빌며 즐거운 시간을 보내는 소중한 시간이다.

2024년 추석 전날의 풍경

2024년. 추석 전날이지만 평소와 크게 다르지 않았다. 우리는 도시에 살기 때문에 농사를 짓지 않는다. 계절에 맞춘 세시풍속을 챙긴 적도 없다.

추석 전날이라고 하지만 엄마와 아빠는 여전히 바쁘다. 우리도 딱히 추석이라고 해서 무언가를 준비하지 않는다. 추석이라서 시골에 가지만, 다들 바빠서 명절 음식을 준비하기보다 간편하게 외식을 하기로 했다. 엄마는 차례상에 올리기 위해 반찬가게에서 전과 나물을 사 놓으셨다.

추석도 평소처럼 할머니와 할아버지께 인사를 드리고 가족이 모여서 맛있는 음식을 먹고 헤어졌다. 추석은 오랫만에 가족들과 즐거운 시간을 보내는 소중한 시간이다.

교과서 톺아보기

1. 1979년 추석 전날, 어머니와 할머니가 준비한 음식은 무엇인가요?

   ① 김치　　　② 송편　　　③ 떡국　　　④ 갈비탕

2. 추석날 아침에 조상님께 올리는 인사를 무엇이라고 하나요?

3. 2024년 추석을 어떻게 준비했나요?

   ① 집에서 음식을 만들었다.
   ② 반찬가게에서 전과 나물을 샀다.
   ③ 농사 지은 곡식으로 음식을 만들었다.
   ④ 가족이 둘러앉아 송편을 빚었다.

생각해 볼까요?

4. 1979년과 2024년 추석 중 어느 것이 마음에 드나요? 그 이유를 3가지 써 보세요.

5. 여러분이 챙기고 있는 세시풍속을 골라서 어떤 것들을 하는지 정리해 보세요. 그리고 그 세시풍속이 생긴 이유를 생각해 보세요.

28-3 생각 쑥쑥! 배경 지식을 넓혀라

현대 사회의 세시풍속, 챌린지

옛날부터 우리나라는 계절마다 특별한 날인 세시풍속이 있었어요. 세시풍속은 계절의 변화와 함께 여러 가지 재미있는 행사와 놀이를 포함하고 있었죠. 그러나 요즘에는 이런 전통적인 세시풍속이 점점 사라지고 있어요.

이런 가운데에서 새로운 형태의 세시풍속이 등장했습니다. 바로 다양한 '챌린지'인데요, 요즘 인터넷과 SNS에서는 많은 사람들이 재미있는 도전 과제를 수행하는 챌린지를 공유하고 있어요. 이러한 챌린지는 특정한 날이나 계절에 맞춰 진행되기도 하며, 많은 사람이 함께 참여하면서 새로운 문화로 자리 잡고 있습니다.

여름에는 '얼음물 샤워 챌린지'가 인기를 끌었어요. 이 챌린지는 얼음물을 뒤집어쓰는 모습을 촬영하여 친구들과 공유하는 거예요. 겨울에는 눈이 오는 날, 다양한 형태의 눈사람을 만들어 사진을 찍어 올리는 '눈사람 만들기 챌린지'가 유행하기도 했어요.

이런 챌린지들은 전통적인 세시풍속과는 다르지만, 사람들에게 즐거움과 함께하는 기쁨을 주는 점에서는 비슷합니다. 가족이나 친구들과 함께 챌린지에 참여하면서 웃고, 사진을 찍고, 추억을 남기는 과정이 바로 새로운 세시풍속이라고 할 수 있어요.

게다가 전통적인 세시풍속보다 더 쉽게 참여할 수 있다는 장점도 있습니다. 인터넷과 SNS를 통해 언제 어디서든 참여할 수 있고, 다양한 사람들과 소통할 수 있고요.

전통적인 세시풍속도 매우 중요해요. 우리의 역사와 문화를 이해하고, 공동체의 결속을 다지는 데 큰 역할을 하기 때문입니다. 우리는 전통적인 세시풍속을 지키는 노력도 계속하는 동시에 새로운 형태의 세시풍속인 챌린지도 즐길 필요가 있어요. 2가지가 조화를 이룰 때, 삶을 풍요롭게 누릴 수 있어요.

어휘 통통

1. 다음 중 '세시풍속'에 해당하지 않는 것은 무엇인가요?
   ① 정월 대보름 ② 강강술래
   ③ 생일 파티 ④ 추석

2. '얼음물 샤워 챌린지'는 어떤 계절에 주로 이루어졌던 활동인가요?
   ① 봄 ② 여름
   ③ 가을 ④ 겨울

3. 이 글에서 이야기하는 '챌린지'의 의미는 무엇일까요?
   ① 도전 과제 ② 게임
   ③ 동물 ④ 음식

생각해 볼까요?

4. 내가 주변 친구들과 함께 했던 '챌린지'가 있나요? 내가 하거나 본 적이 있는 챌린지에 대해 쓰고, 그 어땠는지 느낌을 써 보세요.

5. 내가 챌린지를 만든다면 어떤 챌린지를 만들고 싶은지 쓰고, 그 이유를 써 보세요.

29-1 신기한 뉴스
키워드: 자원 교류, 수입과 수출, 리튬

하얀 석유 리튬, 국내 첫 개발 가능성

전기차나 스마트폰은 배터리로 움직이는데요, 이 전기 배터리를 만들 때 반드시 필요한 광물 중 하나가 리튬입니다. 그만큼 활용도가 높고 여기저기 많이 쓰이기 때문에 '하얀 석유'라는 별명으로 불리고 있는데요, 이 리튬이 국내에 매장되어 있다는 사실이 밝혀져 주목을 받고 있어요.

한국 지질자원연구원은 2020년부터 리튬이 묻혀 있을 곳으로 예상되는 추정지 12곳을 탐사해 왔어요. 그런데 경북 울진과 충북 단양에 리튬이 매장되어 있다는 것을 확인한 것이죠.

산화물을 최소로 해서 절단한 리튬 샘플

우리나라 기업들은 전기차 배터리를 만들어서 수출하고 있는데, 그 양은 전 세계 전기차 배터리의 1/4을 차지할 정도예요. 그러나 여기에 필요한 리튬은 전부 외국에서 수입하고 있는 상황이죠. 리튬은 칠레, 아르헨티나 등 남미권 국가와 호주, 중국 등에서 주로 생산하고 있어요.

이번에 발견된 울진과 단양의 경우, 암석이 리튬을 포함하는 평균 비율은 각각 0.21%, 0.15%라고 하는데, 상업적으로 활용하기에는 낮은 편이라고 합니다. 하지만 업계에서는 개발 가능성이 높은 리튬 매장지가 국내에 존재한다는 것이 밝혀졌다는 점에서, 그 의미가 크다고 보고 있어요. 다만 울진은 매장지 위에 보호 대상인 금강송 군락지가 있기 때문에 시추공을 뚫어 매장량을 확인하기까지는 어려움이 큰 상황이에요.

개념 어휘
1. 광물: 일정한 화학 성분을 유지하고 있는 천연 물질.
2. 매장: 땅속에 묻히어 있음.
3. 군락지: 식물들이 모여서 자라고 있는 지역.
4. 시추공: 지질 조사나 광산 조사 등을 위해 땅에 뚫은 구멍.

정리해 볼까요?

1. 리튬을 수출하는 나라가 아닌 곳은 어디인가요?
   ① 아르헨티나　　　　　② 중국
   ③ 칠레　　　　　　　　④ 사우디아라비아

2. 리튬이 미래 에너지로 각광받고 있는 이유는 무엇인가요?
   ① 전기 배터리를 만드는 데 필수 광물이라서
   ② 환경을 보호할 수 있는 자원이라서
   ③ 개발하는 비용이 적게 드는 광물이라서
   ④ 가장 흔하게 구할 수 있는 자원이라서

3. 문단별 내용 정리
   1문단 : 국내 리튬 매장지 발견 소식
   2문단 :
   3문단 :
   4문단 :

생각해 볼까요?

4. 울진의 리튬 매장지에 금강송 군락지가 있다고 하는데, 금강송 군락지가 왜 보호 대상으로 지정되어 있는지 좀 더 조사해 보세요.

29-2 우당탕 교과서 관련 단원: 4-2 교류하며 발전하는 우리 지역

바나나의 원산지는 어디일까?

맑은 토요일 아침, 세라는 엄마와 함께 시장에 갔어요. 세라는 신선한 과일과 채소를 보며 신이 났죠. 오늘은 학교에서 배운 경제적 교류에 대해 더 알아보려고 해요.

"엄마, 시장에서 파는 상품들이 어디에서 오는지 어떻게 알아요?"

"요즘엔 상품들이 어디에서 오는지 원산지를 표시한단다."

엄마가 웃으며 대답했어요. 시장에 도착한 세라는 과일 가게로 달려갔어요. 사과는 우리나라에서, 바나나는 다른 나라에서 왔다는 걸 알게 되었어요. 우리나라의 사과라 하더라도 세라가 사는 지역이 아닌 다른 지역에서 왔고요.

엄마는 "바나나는 따뜻한 기후에서 잘 자라기 때문에 수입해 와야 해"라고 설명해 주셨어요.

채소 가게로 간 세라는 당근, 양파, 감자는 우리나라에서 재배되었고, 포도는 다른 나라에서 왔다는 걸 확인했어요.

"다른 나라와의 경제적 교류를 통해 다양한 상품을 얻을 수 있어. 생활이 더 편리해지지." 엄마는 말했어요.

세라는 원산지 표시판과 광고지를 보며 각 상품의 원산지를 확인했어요. 커피는 아프리카, 초콜릿은 남아메리카에서 왔다는 걸 알게 되었죠.

엄마는 "경제적 교류 덕분에 전 세계에서 다양한 상품을 가져와 사용할 수 있어"라고 설명했어요.

가게의 안내판을 보며 세라는 원산지를 쉽게 알 수 있어 좋다고 말했어요. 이후로 세라는 시장에 갈 때마다 상품의 원산지를 확인하는 습관을 가지게 됐어요. 경제적 교류의 중요성을 배우고 다양한 나라와의 교류가 우리 생활을 얼마나 풍요롭게 만드는지도 깨달았답니다.

교과서 톺아보기

1. 경제적 교류에 대해 살펴 보았어요. 다음을 정리해 보세요.

우리 주변의 상품이 어디서 왔는지 확인하는 방법	- 상품 정보를 통해 확인하는 방법 - 상품의 포장지에 표시된 정보 확인하기 - 상품을 홍보하는 (　　　　　)에서 찾아보기 - 시장이나 가게에 안내된 (　　　　　) 보기 - 상품 판매 누리집의 상품 소개 자료에서 찾아보기
경제적 교류	개인이나 지역이 경제적 이익을 얻기 위해 서로 상품이나 자원, 기술, 정보 등을 주고받는 것
경제적 교류의 필요성	지역이나 국가마다 자연환경, 생산 기술, 자원, 인구 등이 다르기 때문에
경제적 교류의 이로운 점	- 경제적 이익을 얻을 수 있음 - 생활의 편리함과 즐거움을 얻을 수 있음 - 지역 간에 화합할 수 있음
다양한 경제적 교류	생산물 교류, 자원 교류, 기술 교류, 문화 교류 등이 다양하게 이루어지고 있음

생각해 볼까요?

2. 세라는 시장에서 엄마와 함께 상품의 원산지를 확인하는 과정에서 많은 걸 배웠어요. 경제적으로 교류하면 어떤 점이 좋을지 생각해 보세요.

29-3 실력 쑥쑥! 어휘를 알려 줘

지역 사회

특정 지역에 거주하는 사람들의 집단으로, 공동으로 생활하며 서로 영향을 주고받는 사회적 단위예요. 지역 사회는 주민들이 협력하여 공동의 목표를 달성하고, 지역 문제를 해결하며, 사회적 유대감을 형성해요.

지역 경제

경제는 돈이나 물건, 서비스를 만들고 나누고 사용하는 활동인데, 지역 경제는 특정 지역 내에서 이루어지는 경제 활동을 말해요. 지역 경제는 지역 주민의 생활 수준과 관련이 깊어요. 지역 경제는 일자리 창출, 소득 증대 등을 통해 주민들의 생활 수준을 향상시켜요.

지역 발전

지역의 경제적, 사회적, 문화적 성장과 발전을 의미해요. 지역 발전은 주민들의 삶의 질을 향상시키고, 지역 간 불균형을 해소하는 데 기여해요.

교류

서로 다른 지역 간의 인적, 물적, 문화적 교류를 통해 상호 발전을 도모하는 활동이에요. 교류를 하면 지역 간에 서로 협력할 수 있고, 다양한 자원과 아이디어를 함께해서 서로 발전할 수 있어요.

어휘 통통

1. 지역 사회가 형성하는 것은 무엇인가요?
   ① 문화유산　　② 첨단기술　　③ 교통　　④ 사회적 유대감

2. 지역 경제는 무엇과 관련이 깊나요?
   ① 정치　　② 법률　　③ 군사　　④ 주민의 생활 수준

3. 지역 발전은 주민들의 무엇을 향상시키는 데 중요한 역할을 하나요?

4. (　　　)안에 들어갈 가장 적절한 말은 무엇일까요?

   > 서로 다른 지역 간의 인적, 물적, 문화적
   > (　　　　　　)를 통해 상호 발전을 도모해요.

생각해 볼까요?

5. '지역 경제'가 발전하면 지역 주민들에게 어떤 긍정적인 영향을 미칠 수 있는지 찾아 써 보세요.

6. '교류'가 지역 간에 중요한 이유가 무엇일까요? 그 이유를 설명하고, 교류를 통해 얻을 수 있는 좋은 점을 써 보세요.

30-1 신기한 뉴스 키워드: 법, 규제, 위반

전국 초등학교 주변 안전 점검 결과

정부는 5주간 전국 6,274개 초등학교 주변을 점검했습니다. 이번 점검은 교통안전, 유해 환경, 식품 안전, 불법 광고물, 제품 안전, 어린이 놀이 시설의 6가지 분야에서 이루어졌어요.

점검 결과, 불법 노점상과 통학로에 놓인 물건 때문에 위험한 상황이 많았고, 어린이보호구역에서 불법 주차와 과속 등 교통 법규를 위반한 경우도 4만 7,094건이나 발견되어서 모두 벌금을 냈어요. 특히, 교통사고가 자주 일어나는 어린이보호구역 29곳을 집중적으로 점검해 과속 단속 장비를 설치하고, 제한 속도를 조정하는 등 안전하도록 조치했어요.

초등학교 주변 식품 안전 점검

정부는 학교 근처에서 나쁜 영향을 줄 수 있는 가게도 점검했는데, 3,000개가 넘는 곳이 문제가 있었다고 해요. 117곳은 경찰에 잡혔고, 3곳은 벌금을 냈고, 402곳은 문제를 고치라는 명령을 받았어요.

또 학교에 식재료를 공급하는 업체와 분식점 등 5만 곳을 점검한 결과, 유통기한이 지난 음식을 보관한 곳을 찾아내 벌금을 부과했습니다.

법을 지키지 않으면 많은 사람이 위험해질 수 있어요. 정부가 단속하지 않더라도 모든 사람들이 법을 잘 지키면 어린이들이 안전하고 건강하게 학교에 다닐 수 있을 거예요.

개념 어휘
1. 점검: 낱낱이 검사하는 것.
2. 분야: 여러 갈래로 나누어진 범위나 부분.
3. 노점상: 길가의 한곳에 물건을 벌여 놓고 하는 장사.
4. 위반: 법률, 명령, 약속 따위를 지키지 않고 어기는 것.
5. 식재료: 음식의 재료.

정리해 볼까요?

1. 정부는 몇 주 동안 전국 초등학교 주변을 점검했나요?

2. 이번 점검은 몇 가지 분야에서 이루어졌나요? 그 분야는 무엇인가요?

3. 문단별 내용 정리

   1문단 : 전국 초등학교 주변을 점검한 정부

   2문단 :

   3문단 :

   4문단 :

   5문단 :

생각해 볼까요?

4. 정부가 이번 점검을 한 이유는 무엇일까요? 왜 이런 점검이 중요한지 설명해 보세요.

5. 법을 지키지 않으면 어떤 위험이 있을까요? 기사의 내용을 바탕으로 설명해 보세요.

법은 왜 지켜야 하나요?

서율이에게

서율아, 안녕! 어떻게 지내?

뉴스를 봤는데 요즘에는 법을 안 지키는 일이 너무 많다고 하더라. 그래서 오늘은 법을 지키는 것에 대한 이야기를 하려고 해.

우리가 살고 있는 사회에는 모두가 지켜야 하는 규칙들이 있어. 이런 규칙들을 '법'이라고 해. 우리가 지켜야 하는 법은 멀리 있지 않아. 가정이나 학교, 사회의 많은 일들이 법에 따라 이루어지고 있거든. 예를 들어서 빨간불에는 길을 건너서는 안 돼. 큰 사고가 일어날 수 있으니까 말이야. 또 국립공원에 가면 쓰레기를 함부로 버리면 안 돼. 자연환경을 보전하기 위해서 국립공원에 쓰레기를 함부로 버리면 안 된다는 법이 있거든.

법을 지킨다는 것은 나와 다른 사람의 권리를 존중하고 보호하는 일이야. 그래서 법을 잘 지킨다는 것은 우리 사회를 더 안전하고 행복하게 만들어 주는 거라고 할 수 있지.

그런 만큼 법을 지키지 않았을 때는 처벌을 받게 돼. 때로는 재판을 해서 권리를 제한하기도 하지. 재미있는 것은 나라나 지역마다 법이 다를 수도 있다는 거야. 예를 들어 싱가포르라는 나라는 껌 판매가 법으로 금지되어 있어. 미국 하와이주에서는 횡단보도를 건널 때 휴대폰을 보는 게 금지되어 있대. 이런 법들은 도시의 위생과 시민의 안전을 위해서 정해진 것들이지.

법을 정할 때는 언제나 이유가 있단다. 그런 만큼 서로 존중하며 법을 지킬 때 더 좋은 사회를 만들 수 있어. 다음에는 서율이가 궁금한 것들에 대해 좀 더 이야기해 보자.

잘 지내. 다시 만날 때까지 건강하렴.

프랑스 파리에서 오늘도 열심히 공부 중인 이모가

교과서 톺아보기

1. 법을 준수해야 하는 이유를 정리해 보세요.
   1) 법을 지키면 나와 다른 사람의 (   )를 존중하고 보호할 수 있음
   2) 법을 지키지 않을 때는 (   )을 해서 타인에게 (   )를 준 사람의 권리를 (   )하기도 함

2. 국가가 만든 강제성이 있는 규범을 무엇이라고 할까요?

3. 다음 중 법을 잘 지켜야 하는 까닭은 무엇일까요?
   ① 우리의 권리를 보장하기 위해서
   ② 좋은 직업을 가지기 위해서
   ③ 내 마음대로 살기 위해서
   ④ 건강해지기 위해서

생각해 볼까요?

4. 여러분은 법을 잘 지키고 있나요? 법을 잘 지킨다면 왜 법을 잘 지키나요? 법을 잘 지키지 않는다면 잘 지키지 못하는 이유는 무엇인가요?

5. 만약에 법이 지켜지지 않는다면 어떤 일이 벌어질까요? 법이 지켜지지 않았을 때 일어날 것 같은 일과 그 이유를 써 보세요.

30-3 생각 쑥쑥! 배경 지식을 넓혀라

무서운 외국의 시위들

프랑스 정부가 정년 연장을 골자로 하는 연금 개혁을 밀어붙이자, 개혁 철회를 촉구하는 시위가 프랑스 전역에서 열렸어요. 정년 연장에 반대하는 프랑스 주요 노동조합은 노동절에 맞춰 수도 파리를 비롯한 300곳이 넘는 지역에서 제13차 시위를 개최했어요.

파리에서는 일부 시위대가 경찰을 향해 화염병, 폭죽 등을 던졌는데, 이에 맞선 경찰이 최루가스, 물대포를 쏘면서 충돌이 빚어지기도 했어요. 시위대가 파리 레퓌블리크 광장을 출발해 나시옹 광장으로 행진하는 사이, 검은 옷을 입은 몇몇 사람들이 공공 자전거에 불을 붙이거나, 은행과 부동산 상점에 돌 등을 던져 유리창을 깨뜨리기도 했고요. 다른 도시에서도 시위대 일부가 불을 지르거나, 무언가를 집어던지며 긴장이 고조되자 경찰이 시위대를 향해 최루가스를 분사하기도 했어요.

제랄드 다르마냉 내무부 장관은 파리에서 경찰관 1명이 화염병에 맞아 얼굴과 손에 심각한 화상을 입었다며 "대부분 시위는 평화로웠지만 파리, 리옹, 낭트에 아주 폭력적인 깡패들이 있었다"고 비난했어요.

프랑스에서 매년 노동절마다 열리는 시위에 주요 8개 노조가 모두 함께 참여한 것은 2009년 이후 처음이에요.

프랑스 이외에도 유럽 여러 국가에서 노동절을 맞아 노동 조건 개선을 요구하고 정부의 노동 정책을 비판하는 시위가 열렸어요.

독일 전역에서는 30만 명에 가까운 노동자들이 기념 집회를 열고, 노동쟁의권 제한 반대, 주 4일제 도입, 산업별 협약 임금 적용, 최저 임금 인상 등을 촉구했어요. 이탈리아에서는 기본 소득 축소와 노동 시장 유연화 조치 등에 반발해 수도 로마를 비롯한 전국 각지에서 노동자들이 시위를 벌였어요. 스페인에서도 임금 인상 등을 요구하는 집회가 70건 이상 열렸고 스위스 취리히에서는 시위대가 경찰을 향해 물풍선을 던지거나 건물 벽에 스프레이 페인트를 뿌리기도 했어요.

어휘 통통

1. 파리에서 시위대가 경찰을 향해 던진 것 중 아닌 것은 무엇인가요?
　① 화염병　　　② 폭죽　　　③ 물풍선　　　④ 돌

2. 프랑스 외에 노동절 시위가 일어난 국가가 아닌 곳은 어디인가요?
　① 독일　　　② 이탈리아　　　③ 스페인　　　④ 영국

생각해 볼까요?

3. 프랑스뿐 아니라 유럽의 많은 나라에서 노동 조건 개선을 요구하는 시위가 열렸어요. 어떤 노동 조건이 좋은 노동 조건인지 내 생각을 써 보세요.

4. 우리나라에서는 교사 집회가 있었어요. 교사 집회와 외국의 시위를 비교해 보고 내가 만일 집회나 시위에 참여한다면 어떻게 할 것인지 내 생각을 써 보세요.

2023년 서울에서 교사들이 평화로운 집회를 열어 교육 환경 개선과 교권 보호를 촉구했어요. 교사들은 차분하게 의견을 나누었고, 과도한 업무 부담과 불합리한 교육 정책에 대한 문제를 제기하며, 교육의 질을 높이기 위한 방안을 제안했어요. 또, 교권 침해 사례에 대해 경각심을 일깨우고, 이를 방지하기 위한 법적·제도적 개선도 요구했어요. 집회는 질서 있게 마무리되었어요.

31-1 신기한 뉴스 키워드: 공공기관, 지역 발전

새로운 공공기관 유치는 어디로?

전국 여러 지역이 새로운 공공기관 유치를 위해 경쟁하고 있어요. 공공기관이 들어오면 그 지역이 경제적으로 발전하고, 인프라가 개선되며, 일자리가 더 창출될 수 있어요. 그래서 지역 주민들의 삶의 질이 높아질 수 있죠. 정부는 지역 균형 발전을 목표로 2차 공공기관 이전 계획을 추진하는 중이에요. 특히, 작은 도시들도 골고루 발전하는 것이 주요 목표예요.

행정 기관이 집중되어 있는 세종시

많은 지자체가 자신들의 지역이 공공기관 유치에 적합하다고 주장하고 있어요. 특히 인구가 줄어들어 어려움을 겪고 있는 작은 도시들은 '낙후된 지역에도 공공기관을 배치해야 한다'고 강력히 주장합니다. 공공기관이 들어오면 지역 경제가 활성화되고, 인구 유입이 증가하며, 지역 주민들에게 양질의 일자리가 제공될 수 있기 때문이에요.

하지만 어떤 공공기관이 어디로 갈지는 아직 결정되지 않았어요. 국토교통부가 용역을 마친 후 이전 계획을 발표할 예정인데요, 발표 전까지 많은 지자체들이 자신들의 지역이 최적지임을 알리기 위해 다양한 홍보 활동과 전략을 펼칠 것으로 보입니다.

공공기관 이전이 지역 간 균형 발전을 이끌어 내려면 신중한 계획과 공정한 평가가 필요해요. 공공기관 이전 후에도 지속 가능한 지역 발전을 도모하려면 지역 주민들과의 소통과 협력도 중요하죠. 이러한 과정을 통해야만 전국이 균형 있게 발전할 수 있을 거예요.

개념 어휘

1. 인프라: 도로나 병원 등 생산이나 생활의 기반이 되는 중요한 구조물.
2. 추진: 목표를 향하여 밀고 나아가는 것.
3. 낙후: 기술이나 문화, 생활 따위의 수준이 일정한 기준에 미치지 못하고 뒤떨어지는 것.
4. 양질: 좋은 바탕이나 품질.

정리해 볼까요?

1. 공공기관이 지역에 들어오면 어떤 긍정적인 변화가 있을까요?

   1) 지역 _____ 발전

   2) _____ 개선

   3) _____ 창출

   4) 지역 주민들의 _____ 이 높아짐

2. 정부가 2차 공공기관 이전 계획을 추진하는 주요 목표는 무엇일까요?

3. 문단별 내용 정리

   1문단 : 전국 여러 지역들이 새로운 공공기관 유치를 위해 경쟁함

   2문단 :

   3문단 :

   4문단 :

생각해 볼까요?

4. 만약 여러분이 지자체의 시장이라면, 공공기관을 유치하기 위해 어떤 전략을 사용할지 구체적으로 설명해 보세요.

31-2 우당탕 교과서   단원: 4-1 지역 문제와 주민 참여

우리 지역의 공공기관을 찾아봐

지율: 안녕하세요! 저는 공공기관에서 일하는 공무원분들을 인터뷰하러 왔어요. 어떤 일을 하시는지 여쭤 봐도 될까요?

보건소 공무원: 안녕! 보건소는 감염병 예방을 위해 예방 접종을 제공하고, 질병을 치료하는 데 도움을 주는 곳이야. 주민들의 건강을 지키기 위해 다양한 건강 검진과 상담도 하고 있어요.

지율: 아, 그래서 사람들이 보건소에 가는군요! 구청이나 행정복지센터는 어떤 일을 하나요?

구청 공무원: 구청이나 행정복지센터는 출생 신고, 사망 신고 등 주민들의 행정과 민원 업무를 처리해요. 주민들의 생활 편의를 위해 다양한 행정 서비스를 제공하고 있단다.

지율: 주민 생활에 꼭 필요한 일을 하시네요! 우체국은 어떤 일을 하나요?

우체국 공무원: 우체국은 편지나 소포 등 우편물을 접수하고 배달하는 서비스를 제공해요.

지율: 우체국 덕분에 편지와 소포를 잘 받을 수 있겠네요! 경찰서는 어떤 일을 하나요?

경찰서 공무원: 경찰서는 교통 정리, 사고 처리, 범죄 예방 등 주민의 안전을 위해 일해요. 주민들이 안전하게 생활할 수 있도록 다양한 방면에서 노력하는 거지.

지율: 경찰서가 있어서 안전하게 생활할 수 있겠어요! 소방서에서는 어떤 일을 하나요?

소방서 공무원: 소방서에서는 화재가 발생했을 때 불을 끄고, 위급한 상황에서 사람을 구조하는 역할을 한단다. 응급 상황에서도 신속하게 대응하여 주민들의 안전을 지키고 있어요.

지율: 소방서가 있어서 든든하네요! 그럼 공공기관들끼리 협력도 하나요?

보건소 공무원: 물론이지. 보건소와 소방서는 긴급 의료 상황에서 협력하여 환자를 신속하게 치료한단다. 경찰서와 구청도 주민 안전과 관련된 문제를 공동으로 해결하기 위해 협력하고 있어요.

지율: 공공기관 덕분에 우리는 다양한 서비스를 누릴 수 있는 거네요. 인터뷰에 응해 주셔서 감사합니다!

교과서 톺아보기

1. 우체국에서 제공하지 않는 서비스는 무엇일까요?
   - ① 편지 접수
   - ② 소포 배달
   - ③ 예방 접종
   - ④ 우편물 배달

2. 경찰서가 하는 일이 아닌 것은 무엇일까요?
   - ① 교통 정리
   - ② 사고 처리
   - ③ 범죄 예방
   - ④ 책 대여

3. 공공기관들이 서로 협력하는 상황 2가지를 찾아 써 보세요.
   1) (   )와 (   )의 긴급 의료 상황 협력
   2) (   )와 (   )의 주민 안전 문제 공동 해결

생각해 볼까요?

4. 공공기관들은 주민들의 안전과 편의를 위해 서로 협력해요. 공공기관들이 서로 협력하는 이유는 무엇인가요? 힌트의 단어를 활용해서 써 보세요.

   힌트: 협력, 지역 사회 문제, 안전, 편리

5. 소방서와 학교가 협력하여 운영할 수 있는 프로그램이 있을까요? 그것이 지역 주민들에게 어떤 도움이 될지 써 보세요.

31-3 생각 쑥쑥! 배경 지식을 넓혀라

지방으로 이전한 공단들의 이야기

공단들이 지방으로 이전하면 지역 발전에 여러 긍정적인 효과를 미칩니다. 국가과학기술연구회와 한국법제연구원은 세종특별자치시로, 한국교육과정평가원과 한국소비자원은 충북으로 옮겼어요. 한국전력공사와 한국농어촌공사는 전라남도로, 국민건강보험공단과 대한적십자사는 강원도로 이전했고요. 이 외에도 대구, 경북, 제주, 경남, 울산, 부산 등의 여러 지역으로 다양한 공공기관이 이전했어요.

처음에는 이러한 이전이 큰 효과를 보이지 않을 수 있지만, 시간이 지나면 새로운 일자리가 많이 생기고 사람들이 이사를 오기 시작해요. 이로 인해 새로운 도시가 발전하게 되고, 더 많은 사람들이 그곳에서 살면서 일하게 돼죠. 이는 결국 소득 증가와 지역 경제 활성화로 이어집니다. 특히 특정 분야의 공단이 지방으로 옮기면 관련 산업들이 그 지역에 많이 모여요. 그래서 기술 협력과 혁신이 촉진되고 산업 경쟁력이 강화돼요.

또 교통, 통신, 주거 등의 인프라가 개선되면서 생활이 더 편리해져요. 추가 투자 유치도 촉진되어 그 지역의 교육과 연구 환경이 더욱 좋아지고요. 이로 인해 지역 인재들이 많이 생기고 교육 수준도 높아집니다. 뿐만 아니라 문화적, 사회적 교류가 증가해 지역 문화가 다양해지고 풍부해져요

이렇게 공단이 지방으로 이전하는 것은 단순히 건물을 옮기는 것이 아니에요. 공단의 지방 이전은 지역의 발전과 국가의 균형적인 발전에 중요한 역할을 해요. 공단의 지방 이전으로 지역 간 경제적 격차를 줄이고, 전국적으로 고른 발전을 도모하는 데 큰 기여를 하는 거죠.

이러한 정책이 지속적으로 추진된다면, 더 많은 지역들이 발전하고, 국가 전체의 경쟁력이 강화될 거예요.

어휘 통통

1. 한국교육과정평가원은 어디로 이전했나요?

2. 국민건강보험공단은 어디로 이전했나요?

3. 공단이 지방으로 이전하면 어떤 효과가 있나요?
   ① 지역 발전   ② 인구 감소
   ③ 물가 상승   ④ 교통 혼잡

4. 공단 지방 이전의 궁극적인 목표는 무엇인가요?

   지역 간 경제적 (   )를 줄이고,
   전국적으로 고른 (   )을 도모하는 것

생각해 볼까요?

5. 공단이 지방으로 이전함으로써 새로운 일자리가 많이 생기고 사람들이 이사 오게 되는 과정을 써 보세요.

6. 만일 내가 한국수산자원공단에서 수산업 관련 교육 프로그램을 듣는다면 어떤 것을 듣고 싶나요? 그 이유는 무엇인지 써 보세요.

32-1 신기한 뉴스 키워드: 백제, 유물, 문화유산

백제 시대 봉축이 발굴되었어

전북 익산 토성에서 백제 시대의 중요한 유물이 발견되었습니다. 이번에 발견된 유물 중 가장 주목할 만한 것은 '봉축'이라는 두루마리 문서의 색인이에요. 일본에서도 유사한 유물이 발견된 적은 있으나, 한국에서 발견된 것은 이번이 처음이에요.

이 봉축 문서에는 '정사년 현재 남아 있는 식량'이라는 글자가 적혀 있어, 백제의 의자왕 시대에 익산이 중요한 도시였음을 보여 줍니다. 당시 백제의 행정과 경제 상황을 이해하는 데 중요한 단서를 제공하고 있죠.

익산 토성

이번 발굴에서는 대형 집수 시설과 옻칠 갑옷 조각도 함께 발견되었어요. 집수 시설은 물을 모으는 큰 구조물로, 백제 사람들이 물을 어떻게 관리했는지 알 수 있는 유적이에요. 이는 익산이 물 자원이 풍부한 지역이었음을 알려 주며, 백제 농업 생산력과 도시 계획을 이해하기 위한 중요한 자료입니다.

발견된 옻칠 갑옷 조각은 고대 백제의 갑옷으로, 공주와 부여에서 발견된 갑옷과 비슷한 형태를 띱니다. 백제의 군사적 역량과 방어 체계, 그리고 당시의 기술 수준을 알 수 있어요.

이번 발굴을 통해 백제의 정치적, 경제적, 사회적 구조를 보다 명확하게 이해하고, 백제의 문화적 유산이 얼마나 풍부하고 다채로웠는지를 확인할 수 있었어요.

개념 어휘
1. 토성: 흙으로 쌓은 성이나 성곽.
2. 색인: 어떤 것을 뒤져서 찾아내거나 필요한 정보를 밝히는 것.
3. 집수: 한곳으로 물을 모으는 것.
4. 풍부: 넉넉하고 많은 것.
5. 옻칠: 가구나 나무 그릇 따위에 윤을 내기 위하여 옻을 바르는 일.

정리해 볼까요?

1. 이번에 전북 익산 토성에서 발견된 가장 주목할 만한 유물은 무엇인가요?

2. 봉축 문서에는 어떤 내용이 적혀 있나요?

3. 익산에서 발견된 집수 시설은 어떤 역할을 했나요?

4. 발견된 옻칠 갑옷 조각은 무엇을 알 수 있게 해 주나요?

5. 문단별 내용 정리
    1문단 : 전북 익산 토성에서 백제 시대의 중요한 유물이 발견됨
    2문단 :
    3문단 :
    4문단 :
    5문단 :

생각해 볼까요?

6. 백제 시대에 익산이 중요한 도시였다는 것을 어떻게 알 수 있는지 봉축 문서와 관련된 내용을 바탕으로 설명해 보세요.

32-2 우당탕 교과서 관련 단원: 5-2 옛사람들의 삶과 문화

고구려, 백제, 신라의 자랑 대회

고구려, 백제, 신라라는 세 나라가 있었어요. 세 나라의 아이들이 모여서 놀던 어느 날이었어요. 고구려 아이가 자랑했어요.

"고구려가 최고야! 우리는 큰 무덤 안에 멋진 벽화를 그렸어. 춤추는 모습, 사냥하는 모습이 정말 생생하게 그려져 있어. 그리고 고구려의 역사를 적은 광개토대왕릉비도 있어. 너희는 이런 걸 본 적 있어?"

백제 아이가 어이가 없다는 듯 말했어요.

"뭐라고? 백제야말로 대단하지! 우리는 아름다운 사원을 많이 지었어. 미륵사는 우리 백제의 대표적인 사원이라고. 또 우리는 금속으로 멋진 공예품도 만들었어. 백제 금동대향로가 얼마나 아름다운지 알아?"

신라 아이가 웃으며 말했어요.

"하, 너희 둘 다 웃기네. 신라가 최고야! 천마총 금관은 정말 화려하지. 우리도 황룡사와 불국사 같은 유명 사원이 많아. 황룡사에 있는 목탑은 무려 9층이야. 워낙 유명해서 너희도 들어봤을 텐데? 멋진 석굴암도 있어."

고구려 아이가 다시 말했어요.

"벽화와 비석이라면 우리 고구려가 최고야. 너희는 우리 고구려의 예술과 역사를 이해하지 못하겠지만."

백제 아이가 지지 않고 말했어요.

"우리 백제의 공예품과 사원은 정말 아름다워. 예술과 기술이 함께 어우러진 공예품은 우리 백제의 자랑이야."

신라 아이도 말했어요.

"우리 신라의 금관과 사원, 불상은 그 누구도 따라올 수 없어. 화려함과 경건함이 함께 담겨 있다고."

세 아이는 서로의 자랑거리를 이야기하며 다투었어요. 하지만 곧 자랑하던 걸 잊고 놀이에 흠뻑 빠지고 말았답니다.

교과서 톺아보기

1. 고구려 아이가 자랑한 것 중 하나는 무엇인가요?
   ① 금동대향로   ② 광개토대왕릉비   ③ 황룡사

2. 고구려 아이가 자랑한 벽화에 그려진 모습은 무엇인가요?
   ① 춤추는 모습과 사냥하는 모습
   ② 논밭에서 일하는 모습
   ③ 바다에서 고기 잡는 모습
   ④ 학교에서 공부하는 모습

3. 백제 아이가 자랑한 공예품은 무엇으로 만들어졌나요?
   ① 나무   ② 금속   ③ 돌   ④ 유리

4. 신라 아이가 자랑한 문화유산이 아닌 것은?
   ① 황룡사   ② 불국사   ③ 미륵사   ④ 석굴암

생각해 볼까요?

5. 삼국의 문화유산을 통해서 어떻게 그 시대 사람들의 생활과 생각을 이해할 수 있을까요? 내 생각을 써 보세요.

32-3 생각 쑥쑥! 배경 지식을 넓혀라

삼국의 건축과 예술

고구려

1. 고분군 (장군총, 무용총)
- 위치: 중국 지린성 지안시, 평양
- 벽화를 통해 고구려의 생활상과 예술적 감각을 엿볼 수 있음

2. 광개토대왕비
- 위치: 중국 지린성 지안시
- 광개토대왕의 업적을 기록한 비석

광개토대왕비 탑본

백제

1. 부여 정림사지 5층석탑
- 위치: 충청남도 부여군
- 백제의 석탑 건축 기술을 잘 보여 줌

2. 공주 무령왕릉
- 위치: 충청남도 공주시
- 백제의 왕 무령왕과 그의 왕비의 무덤

정림사지 5층석탑

신라

1. 경주 불국사
- 위치: 경상북도 경주시
- 신라의 대표적인 사원 (석가탑, 다보탑이 유명)

2. 경주 석굴암
- 위치: 경상북도 경주시
- 불교 예술의 정수로 평가받는 신라의 대표적인 유적

석굴암

어휘 통통

1. 광개토대왕비가 위치한 곳은 어디인가요?
   ① 중국 베이징
   ② 중국 지린성 지안시
   ③ 대한민국 서울
   ④ 북한 평양

2. 공주 무령왕릉이 위치한 곳은 어디인가요?
   ① 충청남도 공주시
   ② 경상북도 경주시
   ③ 경기도 수원시
   ④ 전라북도 전주시

3. 석굴암이 위치한 곳은 어디인가요?
   ① 경상북도 경주시
   ② 충청남도 부여군
   ③ 강원도 강릉시
   ④ 전라남도 여수시

생각해 볼까요?

4. 백제의 정림사지 5층석탑은 백제의 건축 기술을 잘 보여 주고 있어요. 이런 유적지를 보존하는 것이 왜 중요할까요? 내 생각을 써 보세요.

5. 삼국의 건축과 예술을 볼 수 있는 유적지에 가 본 적이 있나요? 삼국 중 어느 나라의 것인지 생각해 보고, 그때 내가 느꼈던 느낌을 설명해 보세요.

33-1 신기한 뉴스 키워드: 그린벨트, 녹지, 개발

주택 공급과 그린벨트 해제

최근 그린벨트 해제를 둘러싸고 많은 논란이 일고 있어요. 그린벨트는 도시 주변의 녹지 공간을 말합니다. 이곳은 법으로 개발이 금지되어 있어서 자연이 잘 보존되어 있어요.

그런데 최근 정부가 그린벨트를 해제한 땅에 주택을 지어서 신혼부부와 아이를 낳은 가정에 공급하겠다는 계획을 발표했어요. 요즘 우리나라에서는 저출산 문제가 매우 심각하죠. 그래서 아이를 낳는 가정에 주택을 우선 공급하여 혜택을 준다는 것인데, 새 집을 지을 땅이 부족하다 보니 그린벨트를 개발하겠다는 거예요.

환경 단체 등은 그린벨트를 개발하는 것에 반발하고 있어요. 그린벨트가 해제될 경우, 환경에 미치는 영향이 매우 큰 만큼 좀 더 면밀히 검토하고 체계적으로 접근해야 한다는 것이죠. 또 탄소중립 시대에 역행하는 일이라고 비난을 던졌습니다.

그러나 정부는 그린벨트 지역을 일부 개발하는 대신, 다른 곳에 새로운 녹지 공간을 만들어 보상하겠다는 입장이에요. 대신, 기존에 있던 집들을 더 잘 활용할 수 있도록 규제를 완화하는 방법도 생각하고 있다고 해요.

그린벨트 해제는 단순한 경제적 효과뿐만 아니라 환경 보호와 주민의 삶에 영향을 미칠 수 있어요. 따라서 정부는 경제적 이익과 환경 보호 사이에서 올바른 기준을 세워야 해요. 지역 주민의 의견을 적극적으로 반영하고, 장기적으로 어떤 선택이 현명한 결정이 될 것인지 고민해야 하는 시점이에요.

개념 어휘
1. 녹지: 도시의 자연환경 보전과 공해 방지를 위하여 풀이나 나무를 일부러 심은 곳.
2. 개발: 토지나 천연자원 따위를 유용하게 만드는 것.
3. 면밀하다: 자세하고 빈틈이 없다.
4. 보상: 어떤 것에 대한 대가로 갚는 것.

정리해 볼까요?

1. 그린벨트의 뜻을 찾아서 정리해 보세요.

   도시 주변의 (　　　　) 공간, (　　　　)으로 개발이 금지되어 있음

2. 정부가 그린벨트를 해제하고 주택을 짓겠다는 이유는 무엇인가요?
   ① 새로운 땅을 찾기 힘들어서
   ② 건설 비용이 많이 들어서
   ③ 주변 환경이 너무 오염되어서

3. 문단별 내용 정리
   1문단 : 그린벨트의 의미
   2문단 :
   3문단 :
   4문단 :
   5문단 :

생각해 볼까요?

4. 그린벨트 지역을 개발하면 어떤 문제가 생길까요? 그린벨트 지역을 개발했을 때의 좋은 점과 나쁜 점을 생각한 다음, 내 입장에 대한 이유를 쓰세요.

   나는 그린벨트 지역을 _____해야 한다고 생각해요.
   왜냐하면:

33-2 우당탕 교과서　관련 단원: 3-1 우리가 생각하는 우리 고장의 모습

우리 동네에서 가장 즐거운 공원

민채와 보나는 동네 공원에 가서 놀기로 했어요.

"와, 이 공원 정말 좋아. 여기서 뛰어놀기도 좋고 공기도 좋아."

"음, 나는 이 공원이 별로야. 너무 시끄럽고 사람도 많아서 좋지 않아."

민채 엄마가 두 사람을 보고 말했어요.

"너희 둘은 공원을 보고 반응이 다르구나. 왜 그런 걸까?"

민채가 말했어요.

"엄마, 저 초등학교 1학년 때, 집 뒤의 공원에서 엄마랑 아빠랑 재미있게 놀았잖아요. 저는 그 뒤로 공원이 좋더라고요."

"나는 공원에 갔을 때, 누가 던진 공에 맞아서 울었던 기억이 있어. 그래서 그 뒤로부터 공원을 별로 안 좋아하게 됐어."

민채 엄마가 두 사람의 말을 듣고 이야기했어요.

"민채는 공원에서 즐겁게 놀았던 경험 때문에 공원을 좋아하지만, 보나는 공원에서 불편했던 경험 때문에 공원을 좋아하지 않는구나."

"사람마다 장소에 대한 생각이나 느낌이 다르겠네요."

"그렇네. 이렇게 생각이나 느낌이 다르면 어떻게 해야 할까?"

"그건 제가 알아요."

보나가 대답했어요.

"생각이나 느낌이 달라도 서로의 생각과 느낌을 이해하고 존중해야 해요."

"보나 네가 공원을 싫어하는 걸 이해할 수 있어. 나도 처음부터 공원이 좋았던 건 아니거든."

"고마워. 민채야. 나도 너처럼 공원을 좋아해 볼게. 그리고 다음에는 다른 장소도 가 보자."

"그래. 좋아."

교과서 톺아보기

1. 민채와 보나가 동네 공원에 가서 느낀 것을 정리해 보세요.
   - 민채: 뛰어 놀기 좋고, (　　　　　　)가 좋다
   - 보나: 너무 시끄럽고 (　　　　　　)도 많아서 좋지 않다

2. 민채와 보나가 그렇게 느낀 이유가 무엇일까요?
   - 민채: 집 뒤의 공원에서 (　　　　　　)와 재미있게 놀았기 때문에
   - 보나: 공원에서 누가 던진 (　　　　　　)에 맞아서 울었기 때문에

3. 사람들의 생각이나 느낌이 다를 때는 어떻게 해야 할까요?
   서로의 (　　　　　　)과 느낌을 (　　　　　　) 하고 존중해야 한다

생각해 볼까요?

4. 여러분이 민채의 입장이었다면 보나에게 뭐라고 이야기했을 것 같나요?

5. 여러분은 같은 장소에 대해 다른 사람과 생각이나 느낌이 달랐던 경험이 있나요? 여러분은 왜 그 장소에서 그런 생각이나 느낌을 갖게 되었나요? 그때 내 느낌과 행동을 구체적으로 써 보세요.

33-3 생각 쑥쑥! 배경 지식을 넓혀라

천연기념물로 지정된 나무

창원 북부리 팽나무는 약 500년 된 거대한 팽나무예요. 이 나무는 높이 16m, 둘레 6.8m에 달하는 매우 큰 나무로, 수관 폭이 27m에 이릅니다. 같은 종류의 팽나무 중에서도 가장 크고 오래된 나무로 평가받고 있어요.

이 팽나무는 오랫동안 마을 주민들의 구심점 역할을 했어요. 90년 이상 당산제를 지속적으로 지내며 마을의 전통을 이어 왔죠. 〈이상한 변호사 우영우〉란 드라마에서 '소덕동 팽나무'로 등장해 큰 관심을 받기도 했어요.

국가유산청은 이 팽나무의 학술적·역사적 가치를 인정해 지난 10월 7일 천연기념물 제573호로 지정했어요. 지정 과정에서 국가유산청, 창원시, 마을 주민이 협력하여 관람객 증가에 따른 문제를 해결하고 나무의 생육 환경을 보호하는 등 다각도로 노력했다고 해요.

한편, 청와대 노거수 군도 천연기념물로 지정되었어요. 노거수 군은 총 6그루의 나무로 구성되어 있는데, 녹지원 내 반송 1그루, 회화나무 3그루, 상춘재 앞 말채나무 1그루, 여민관 앞쪽 용버들 1그루 등이에요. 이 나무들은 약 300년 동안 보호되어 온 수림지에서 자란 것으로, 경복궁 후원에서 청와대로 이어지는 장소성과 역사성을 지니고 있어요.

또 국가유산청은 드라마 제작사와 협력하여 천연기념물 지정 과정을 웹툰으로 제작해 10월 12일 부천국제만화축제에서 공개하기도 했어요. 더 많은 사람이 이 특별한 나무들의 가치와 의미를 알게 되었답니다.

이번 지정을 계기로 이 나무들이 더욱 잘 보호되고 관리되어 후대에 전해질 수 있기를 기대해요.

약 500년 된 창원 북부리 팽나무

어휘 통통

1. 다음 단어와 뜻을 짝지어 보세요.

   ① 구심점 ·   · ㉠ 오래된 큰 나무
   ② 노거수 ·   · ㉡ 중심이 되는 역할을 하는 것
   ③ 수림지 ·   · ㉢ 특정 장소만이 지니는 고유한 특성
   ④ 장소성 ·   · ㉣ 숲이 우거진 지역
   ⑤ 상징성 ·   · ㉤ 어떤 대상이나 개념을 대표하는 의미

생각해 볼까요?

2. 여러분 주위에도 천연기념물이 있나요? 있다면 그것을 실제로 보고, 다음 질문에 대한 생각을 정리해 보세요.

   ① 천연기념물:

   ② 천연기념물을 실제로 봤을 때 든 생각:

   ③ 이 천연기념물을 지킬 수 있는 방법:

3. 반드시 천연기념물이어야 그것을 지킬 수 있을까요? 천연기념물이 아니어도 우리가 그것을 지킬 수 있는 방법은 없을까요? 각각에 대한 나의 생각을 정리해 보세요.

34-1 신기한 뉴스 키워드: 지도, 지도 앱, 참여 문화

나는 붕세권에 살아

붕어빵을 좋아하나요? 추운 겨울날 따끈한 붕어빵을 한 입 베어 물면 추위가 눈 녹듯 사라집니다. 그런데 겨울철의 별미인 붕어빵 가게가 점점 줄어들고 있어요. "팥이며 밀가루며 가격은 계속 오르고 가스비도 많이 드는데, 반죽이 쉽게 상하고 날이 추울 때만 팔 수 있기 때문"이라고 합니다.

소비자 입장에서는 붕어빵 가게를 찾기가 힘들어진 거죠. 상황이 이렇다 보니 '붕세권'을 알려 주는 앱이 등장해 인기를 끌고 있어요. '붕세권'은 '붕어빵+역세권'의 합성어입니다.

이러한 붕어빵을 찾는 앱은 이용자들의 자발적인 참여로 운영됩니다. 이용자들이 직접 붕어빵 노점을 발견하고 앱에 위치, 가격 등의 정보를 등록하면, 다른 이용자들도 그 정보를 활용할 수 있는 거예요. 이렇게 이용자들의 '집단지성'으로 완성된 붕어빵 지도 덕분에 사람들이 더 쉽게 붕어빵을 찾을 수 있게 되었어요.

붕어빵 앱의 인기에 붕어빵 노점 상인들도 긍정적인 반응입니다. 한 상인은 "젊은 사람들 중 앱을 보고 찾아온 사람이 많다"며 만족을 표현했어요. 소비자들 역시 "앱을 이용해 붕어빵을 찾아다니는 재미가 있다"고 입을 모아 말했어요.

전문가는 최근 물가 상승으로 붕어빵이 대표적인 가성비 식품으로 더욱 인기를 얻을 것이라고 전망했어요. 또한 붕어빵 앱의 등장으로 젊은 층에게도 붕어빵이 각광받을 것으로 예상됩니다.

개념 어휘

1. 별미: 특별히 좋은 맛이나 그 맛을 지닌 음식.
2. 자발: 남이 시키거나 요청하지 않아도 자기 스스로 행하는 것.
3. 집단지성: 여러 사람들의 협력이나 협업을 통해 쌓인 지식이나 생각.
4. 전망: 앞날을 헤아려 내다보는 것.
5. 각광: 사회적 관심이나 흥미.

정리해 볼까요?

1. 설명을 보고 '붕세권'이 무슨 뜻인지 추측해 보세요.

   붕어빵 + 역세권(기차나 지하철 역을 일상적으로 이용하는 주변 거주자가 분포하는 범위)의 합성어

2. 붕어빵을 찾는 앱이 어떻게 운영되는지 그 과정을 정리해 보세요.

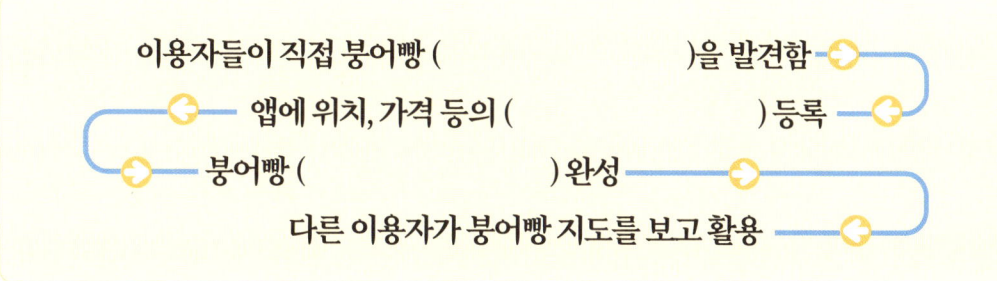

이용자들이 직접 붕어빵 (　　　)을 발견함 → 앱에 위치, 가격 등의 (　　　) 등록 → 붕어빵 (　　　) 완성 → 다른 이용자가 붕어빵 지도를 보고 활용

3. 문단별 내용 정리

   1문단 : 점점 줄어들고 있는 붕어빵 노점

   2문단 :

   3문단 :

   4문단 :

   5문단 :

생각해 볼까요?

4. 붕어빵 가게가 점점 줄어든 이유는 무엇인가요? 그리고 붕어빵을 찾는 앱이 나오게 된 이유는 무엇일까요? 기사를 보고 질문에 답해 보세요.

34-2 우당탕 교과서　관련 단원: 4-1 지도로 본 우리 지역

길을 잃어버릴 때 필요한 것

　어느 한 마을에 할아버지와 그의 손자가 살고 있었어요. 할아버지는 나이가 들어 길을 잘 찾지 못했지만, 총명한 손자가 있어 크게 걱정하지 않았어요.

　어느 날, 할아버지가 또 길을 잃고 말았어요.

　"아이고, 또 길을 잃었구나. 길 찾기가 참 어렵구나."

　"할아버지, 걱정 마세요. 제가 지도를 드릴게요. 지도를 보면 길 찾기가 어렵지 않아요."

　손자는 할아버지에게 지도의 비밀을 하나하나 설명해 주었어요.

　"지도에는 땅의 생김새와 위치를 나타내는 약속들이 있어요. 방향을 알려 주고, 이 그림은 은행, 이 그림은 우체국을 뜻하는 거예요. 또 이걸 보면 실제 거리를 얼마나 줄였는지도 알 수 있어요."

　할아버지는 손자의 설명을 듣고 감탄했어요.

　"아, 그렇구나. 지도를 보니 길이 잘 보이는구나. 이렇게 하면 길을 잃지 않겠어."

　손자는 지도를 보며 할아버지에게 말했어요.

　"할아버지, 오늘은 은행에 가셔야 하는 날이죠? 이 길로 가다가 이 사거리에서 오른쪽으로 꺾으면 돼요. 조금만 더 가면 은행이 나올 거예요."

　할아버지는 손자의 말대로 지도를 따라 은행을 쉽게 찾을 수 있었어요. 그날 이후로 할아버지는 지도를 잘 활용하게 되었어요. 손자와 함께 지도를 보며 새로운 장소를 찾아다니는 즐거운 시간을 보냈지요. 지도는 두 사람의 모험을 더욱 특별하게 만들어 주었답니다. 할아버지는 손자에게 말했어요.

　"참 고맙구나. 앞으로도 지도를 잘 활용하면 어디든 쉽게 찾아갈 수 있을 것 같아."

　할아버지는 이제 더 이상 길을 잃지 않았어요. 지도 덕분에 모르는 장소도 쉽게 찾아갈 수 있어서 할아버지는 먼 곳으로 여행도 갈 수 있게 되었답니다.

교과서 톺아보기

1. 지도에 대해서 살펴보았어요. 내용을 정리해 보세요.

지도의 뜻	-위에서 내려다본 땅의 실제 모습을 일정한 형식으로 줄여서 나타낸 그림
지도가 필요한 까닭	-알고 싶은 곳의 생김새와 (　　　　　)를 알 수 있기 때문 -모르는 장소도 쉽게 찾아갈 수 있기 때문
지도에 있는 여러 가지 약속	-어느 쪽으로 가야 할지 (　　　　　)을 알려 주는 약속 -지도의 (　　　　　)들이 어떤 뜻인지 알려 주는 약속 -실제 거리를 얼마나 줄였는지 알려 주는 약속 -땅의 높낮이를 알려 주는 약속
지도의 특징	-너무 멀거나 넓어서 한눈에 보기 힘든 곳을 볼 수 있음 -정해진 약속에 따라 땅의 생김새나 위치를 나타냄 -다양한 정보를 누구나 쉽게 알아볼 수 있음

2. 아래 기호와 같이 지도에서 동서남북의 방위를 알려 주는 표시를 무엇이라고 하나요?

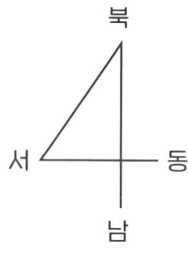

생각해 볼까요?

3. 학교에서는 학교 안내도가 있고, 지하철역과 이동 시간 등을 알려주는 지하철 노선도도 있어요. 최근에 내가 봤던 지도를 떠올려 보고, 그 지도를 통해서 무엇을 알 수 있는지 정리해 보세요.

34-3 생각 쑥쑥! 배경 지식을 넓혀라

해외여행 시 지도 앱 활용은 이렇게

여행을 갈 때는, 특히 말이 잘 통하지 않는 낯선 해외로 여행을 갈 때는 지도 앱을 유용하게 사용할 수 있어요. 가장 대표적인 지도 앱 중 하나인 구글 맵을 예로 들어 해외여행을 즐기는 법을 소개할게요.

먼저 앱을 실행하면 현재 위치가 지도에 나타나요. 그다음에 검색창에 찾고 싶은 장소를 입력하면 관련된 장소들이 나타난답니

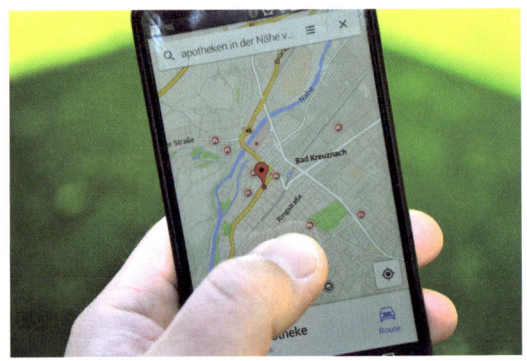

여행을 더 쉽게 만들어 주는 다양한 지도 앱

다. 여기서 원하는 장소를 선택하면 그 장소에 대한 정보를 볼 수 있어요. 평점, 영업 시간, 리뷰 등 다양한 정보를 확인할 수 있어요.

지도 화면에서는 다양한 기능을 사용할 수 있어요. 위성 지도나 등고선 지도로 변경할 수도 있고, 대중교통 정보나 스트리트 뷰 등을 볼 수 있어요. 또한 방문할 장소를 저장해 두면 여행 계획을 세우는 데 도움이 돼요.

해외에서 차를 운전해야 한다면 구글 맵의 내비게이션 기능을 이용하면 좋아요. 실시간 도로 상황과 경로 정보를 제공해 주니까요. 만약 인터넷이 되지 않는 곳에 가게 된다면 오프라인 지도 기능을 사용할 수 있어요. 지도 데이터를 미리 다운로드해 두면 인터넷 없이도 길 찾기가 가능해요.

마지막으로 여행 동선도 자동으로 기록할 수 있어요. 위치 기록 기능을 켜두면 이동 경로와 방문 장소, 이동 시간 등이 모두 기록되니 여행 후에 추억을 돌아볼 수 있답니다.

다른 지도 앱들도 이와 대부분 이와 비슷한 기능을 가지고 있고, 별도의 장점을 각각 가지고 있지요. 지도 앱은 해외여행에 정말   앱이에요. 다양한 부가 기능들을 활용하면 더욱 알찬 여행을 즐길 수 있답니다.

어휘 통통

1. 글의 맥락상 왼쪽 글의 _____ 안에 들어갈 가장 적절한 말을 골라 보세요.

   ① 즐거운　　　　　　　　② 행복한
   ③ 유용한　　　　　　　　④ 복잡한

2. 구글 지도에서 사용자들이 직접 작성한 정보는 무엇인지 골라 보세요.

   ① 장소 정보　　　　　　　② 실시간 교통 정보
   ③ 리뷰　　　　　　　　　④ 스트리트 뷰

생각해 볼까요?

3. 지도 앱의 다양한 기능을 활용해서 여행 계획을 세워 보세요. 여행 전, 중, 후 어떻게 활용할 수 있을지 생각해 보고 정리해 보세요.

지도 앱을 활용한 (　　　　　　　　)의 여행 계획 짜기	
여행 전:	
여행 중:	
여행 후:	

35-1 신기한 뉴스 키워드: 민주주의, 민주화 운동, 쿠데타

80년대를 배경으로 한 영화들의 반란

배우 황정민이 영화 〈서울의 봄〉으로 큰 상을 받았습니다. 바로 '백상예술대상'에서 영화 부문 남자 최우수연기상을 받은 것인데요, 이 상은 연기를 아주 잘한 사람에게 주는 상이에요.

〈서울의 봄〉은 1979년에 일어난 군사 반란을 다룬 영화예요. 영화 속에서 황정민 배우는 '전두광'이라는 역할을 맡아 열연을 펼쳤습니다. 이 영화는 큰 인기를 끌었고, 그의 뛰어난 연기는 많은 사람들로부터 칭찬을 받았죠.

이 외에도 비슷한 시대적 배경을 다룬 영화들이 있어요. 〈남산의 부장들〉은 1979년 박정희 대통령 암살 사건과 그 이후의 사건들을 다룬 영화입니다. 전두환의 군사 쿠데타의 배경과 권력 장악 과정을 엿볼 수 있죠. 〈화려한 휴가〉는 1980년 5·18 광주 민주화 운동을 다룬 영화로, 무자비한 진압과 그로 인한 민간인 희생을 중심으로 이야기가 전개됩니다. 〈택시운전사〉는 1980년 5·18 광주 민주화 운동을 배경으로 한 영화로, 독일 기자와 그를 돕는 택시 운전사의 이야기를 통해 군사 정권의 폭력적인 진압을 비판하고 있어요.

영화는 한국 현대사를 다루어 역사적 사건과 사회적 문제에 관심을 불러일으키는 데에 큰 역할을 하고 있어요. 앞으로도 다양한 작품이 제작되어 많은 이들이 감동을 받고, 역사에 대해 관심을 가질 수 있기를 기대합니다.

개념 어휘
1. 반란: 정부나 지도자 따위에 반대하여 내란을 일으키는 것.
2. 열연: 열렬하게 연기하는 것.
3. 암살: 몰래 사람을 죽이는 것.
4. 무자비하다: 인정이 없이 냉혹하고 모질다.
5. 진압: 강압적인 힘으로 억눌러 진정시키는 것.

정리해 볼까요?

1. 배우 황정민이 받은 상의 이름은 무엇인가요?

2. 영화 〈서울의 봄〉은 어떤 사건을 다루고 있나요?
   ① 5·18 광주 민주화 운동
   ② 1979년 군사반란
   ③ 박정희 대통령 암살 사건
   ④ 독일 기자와 택시 운전사의 이야기

3. 문단별 내용 정리
   1문단 : 백상예술대상에서 남자 최우수연기상을 받은 황정민
   2문단 :
   3문단 :
   4문단 :

생각해 볼까요?

4. 우리나라 역사 이야기를 담은 영화를 본 적 있나요? 어떤 영화를 봤고, 그 영화가 어떤 이야기를 배경으로 하고 있는지 써 보세요. 그리고 그 영화를 보고 난 느낌도 간단히 써 보세요.

5·18 민주화 운동 이야기

박정희 대통령이 죽자 많은 사람들은 민주주의 사회가 올 거라고 기대했어요. 민주주의는 국민들이 나라를 다스리는 사람을 스스로 뽑고, 자유롭게 의견을 말할 수 있는 사회예요. 하지만 전두환이 중심이 된 군인들이 또 정변을 일으켰어요. '정변'이란 특정 무리가 무력으로 나라의 권력을 빼앗는 것을 말해요. 전두환과 그의 군인들은 다시 군사 정권을 세우려고 했어요.

5·18 민주화 운동이 있었던 자리들을 알려 주는 표지석 중 하나

그러자 국민들은 이에 반대했어요. 헌법을 고치고 국민들이 직접 뽑은 새 정부를 세우자고 요구했어요. 이를 위해 많은 사람들이 거리로 나와 시위를 했고, 민주주의를 위해 큰 목소리를 냈어요. 그러던 중 1980년 5월 18일, 전라남도 광주에서 아주 큰 민주화 시위가 일어났어요. 이들은 민주주의를 원했고, 자유와 권리를 지키기 위해 싸웠어요.

전두환은 이 시위를 막으려고 군인들을 보냈고, 폭력을 행사해 강제로 시위를 멈추게 했어요. 군인들은 무기로 사람들을 공격했지요. 광주 시민들은 끝까지 군인들에게 맞서 저항했지만, 군인들의 무력 앞에서는 힘이 부족했습니다. 결국 많은 사람들이 희생되었고, 이 사건은 사회적으로 큰 충격을 주었어요.

5·18 민주화 운동은 단순한 시위가 아니었어요. 그것은 민주주의를 지키기 위한 시민들과 학생들의 용기 있는 행동이었어요. 이 운동은 우리나라의 민주주의 발전에 큰 영향을 미쳤습니다. 그들의 용기와 희생 덕분에 우리는 지금 더 나은 민주주의 사회에서 살 수 있게 된 거이죠.

5·18 민주화 운동은 우리 모두가 기억해야 할 중요한 역사예요. 그날의 용기와 희생을 잊지 말고, 민주주의의 가치를 소중히 여겨야 해요.

교과서 톺아보기

1. 5·18 민주화 운동에 대해 살펴 보았어요. 내용을 정리해 보세요.

배경	(　　　　)의 죽음 이후 국민은 민주주의 사회가 될 거라고 기대했지만 전두환이 중심이 된 군인들이 또 정변을 일으킴
전개 과정	- 시민들은 헌법 개정과 국민 투표로 새 정부 수립을 요구하며 대규모 시위를 벌여 나가자 정변을 일으킨 (　　　　)들이 이를 탄압함 - 1980년 5월 18일 전라남도 (　　　　)에서 대규모 민주화 시위가 일어나자 전두환은 시위를 진압할 계엄군을 광주로 보내 폭력적으로 시위를 진압함 - 계엄군은 시위를 이끌던 사람들이 모여 있던 전라남도청을 공격해 이들을 강제로 진압하였고 이 과정에서 수많은 사람이 희생됨
의의	- 부당한 정권에 맞서 (　　　　)를 지키려는 시민들과 학생들의 의지를 보여 줌 - 우리나라의 민주주의 발전의 밑거름이 됨

생각해 볼까요?

2. 만약 여러분이 5·18 민주화 운동에 참여한 사람이라면, 어떤 마음으로 시위에 참여했을까요? 자신의 생각을 써 보세요.

35-3 실력 쑥쑥! 어휘를 알려 줘

쿠데타

쿠데타는 프랑스어로 '정부에 일격을 가한다'는 뜻이에요. 군인이나 힘이 센 사람들이 갑자기 힘을 써서 나라의 지도자를 바꾸는 것을 표현하는 말이죠. 쿠데타는 혁명과는 달라요. 혁명은 학생, 노동자, 농민 등 다양한 사람들이 참여해서 나라를 크게 바꾸려고 하는 거예요. 많은 사람들이 더 좋은 나라를 만들고 싶은 마음으로 오랫동안 함께 노력해요. 하지만 쿠데타는 시민의 지지와 지지의 정당성이 필요하지 않아요. 평범한 사람들의 지지와는 상관없이, 지배자나 지배 세력만 바뀔 뿐이거든요. 우리 현대사에 일어난 역사적 사건들이 쿠데타였는지 혁명이었는지 생각해 보세요.

민주주의

민주주의는 모든 사람이 나라의 중요한 일을 결정하는 데 참여할 수 있는 제도예요. 민주주의에서는 사람들이 자유롭게 의견을 말하고, 투표로 지도자를 뽑고, 법을 만들어 지켜요. 민주주의의 특징으로는 자유, 투표, 법, 그리고 권리와 의무가 있어요. 사람들은 자유롭게 말하고 생각할 수 있으며, 누구나 선거에 참여해 자기가 필요한 사람을 지도자로 뽑을 수 있어요. 또 모두가 지켜야 하는 법이 있고, 이 법은 공평하게 적용되어야 해요. 그런데 쿠데타가 일어나면 갑자기 나라의 지도자가 바뀔 수 있어요. 사람들이 투표할 기회를 빼앗기는 거죠. 쿠데타가 일어나면 사람들이 자유롭게 의견을 말하거나 투표로 지도자를 뽑을 수 없게 되어 민주주의가 어려워질 수 있어요. 민주주의를 지키기 위해서는 사람들이 자유롭게 의견을 말하고 투표로 지도자를 뽑을 수 있는 환경이 중요해요.

어휘 통통

1. 쿠데타는 어느 나라 말에서 유래한 단어인가요?

2. 민주주의의 특징 4가지는 무엇인가요?

3. 쿠데타와 혁명의 차이점으로 옳은 것은 무엇인가요?
   ① 쿠데타는 비밀스럽고, 혁명은 다양한 사람들이 노력한다
   ② 둘 다 민중의 지지를 필요로 한다
   ③ 혁명은 군인들이 주도한다
   ④ 쿠데타는 법을 지킨다

4. 민주주의에서 자유롭게 의견을 말할 수 있는 이유는 무엇인가요?
   ① 법이 없기 때문에
   ② 군인들이 지켜 주기 때문에
   ③ 쿠데타가 일어나기 때문에
   ④ 모든 사람이 나라의 중요한 일을 결정할 수 있기 때문에

생각해 볼까요?

5. 민주주의가 왜 중요할까요? 민주주의의 중요성에 대해 생각해 보고, 민주주의를 지키기 위해 우리가 해야 할 일을 써 보세요.

정답

1-1
1. 공격적인 구조 조정
2. 10만 명
3. 단기적으로는 실적이 올랐지만 장기적으로는 기업이 몰락함
4. 문단별 내용 정리
   1문단 : 잭 웰치, 세기의 경영자
   2문단 : 잭 웰치의 경영 스타일
   3문단 : GE의 몰락
   4문단 : 잭 웰치가 남긴 교훈
5. 예시) 마음이 힘들 것 같아요. 나도 언젠가 실적이 좋지 않으면 해고될 거라 생각이 들어서 열심히 하기 힘들 것 같아요.
6. 예시) 모든 사람은 두 공정하게 대우받아야 해요. 그래야 모두 행복하고 만족하며 일할 수 있기 때문이에요.

1-2
1. 사람이라면 누구나 누리는 권리
2. ③
3. 예시) 아동 노동은 어린이들이 학교에 가지 못하고 어른처럼 일만 하는 것을 말해요. 첫째, 아동 노동을 없애기 위해 노력하는 단체에 기부를 할 수 있어요. 이 단체들은 아동들이 학교에 갈 수 있도록 도와줘요. 둘째, 아동 노동이 없는 제품을 사는 것도 중요해요. 이렇게 하면 아동 노동을 줄이는 데 도움이 돼요. 셋째, 친구들과 함께 아동 노동의 문제에 대해 이야기하고, 더 많은 사람들이 이 문제를 알 수 있도록 노력해요. 이렇게 하면 더 많은 사람들이 아동 노동을 없애는 데 관심을 가지게 돼요.

1-3
1. 사회권, 청구권, 참정권
2. ②
3. 권리 / 의무
4. 예시) 학교에서는 선생님과 학생들이 사회 구성원이에요.

2-1
1. 프랑스
2. 환경 부담금 부과, 상업 광고 금지
3. 환경 / 소비
4. 문단별 내용 정리
   1문단 : 패스트 패션 산업에 규제를 도입한 프랑스
   2문단 : 패스트 패션에 도입한 두 가지 규제
   3문단 : 법안에 기대되는 효과
   4문단 : 법안의 의의
5. 예시) 프랑스는 패스트 패션이 환경에 나쁜 영향을 준다고 생각해서 규제 법안을 만들었어요. 패스트 패션은 옷을 빨리 만들고 싸게 파는 것을 말해요. 하지만 이렇게 하면 옷을 많이 버리게 되고, 환경 오염이 심해져요. 이 규제 법안은 세계의 패션 문화에도 영향을 줄 수 있어요. 다른 나라들도 프랑스를 보고 비슷한 법을 만들 수 있기 때문이에요. 그러면 전 세계가 환경을 더 생각하는 패션 문화를 가지게 될 거예요.

2-2
1. 사막화 / 생태계
2. ① 플라스틱을 많이 사용하는 것 / ② 물을 마실 때 일회용 컵 대신 개인 물병을 사용해요. 또 장을 볼 때는 비닐봉지 대신 장바구니를 사용하면 플라스틱 쓰레기를 줄일 수 있어요.

2-3
1. ② / ③
2. 스테인리스 빨대 사용하기 / 개인 컵 사용하기 / 플라스틱 분리 수거하기
3. 예시) 패스트 패션은 옷을 빨리 만들고 빨리 버리게 해서 쓰레기가 많이 생겨요. 플라스틱도 마찬가지로 많이 사용되고 버려져서 바다와 땅을 오염시켜요. 그래서 동물들이 다치거나 죽고, 환경이 나빠져요. 지구를 지키기 위한 방법으로 첫째, 패스트 패션 대신 오래 입을 수 있는 좋은 옷을 사고, 헌 옷을 재활용해요. 둘째, 일회용 플라스틱 대신 재사용 가능한 물건을 사용해요. 셋째, 쓰레기를 잘 분리해서 재활용할 수 있도록 해요.

3-1
1. 농촌 유학
2. 학습 환경, 생활 경험
3. 문단별 내용 정리
   1문단 : 순창군 농촌 프로그램과 희망 학생 증가
   2문단 : 다양한 지원 확대로 풍부한 학습 경험 제공
   3문단 : 농촌 유학 1번지로 떠오르게 한 순창군의 노력
   4문단 : 순창군 외에도 다양한 농촌에서 운영하는 농촌 유학 프로그램
4. 예시) 저는 농사 체험 프로그램에 참여하고 싶어요. 직접 씨를 심고, 물을 주고, 식물이 자라는 모습을 보는 것이 정말 재미있을 것 같아요. 그리고 내가 키운 채소를 수확해서 먹는 것도 신기할 것 같아요. 자연 속에서 지내며 여러 가지를 배울 수 있기 때문이에요. 우리가 먹는 음식이 어떻게 자라는지 알게 되고, 자연을 더 사랑하게 될 거예요.
5. 예시) 전통 음식 만들기 체험 프로그램을 만들고 싶어요. 평소 자주 먹지 못하는 그 지역의 전통 음식을 만든 다음, 맛있게 먹으면 좋을 것 같아요.

3-2
1. 자연 / 사람 / 곡식, 물고기, 약초 / 회사, 문화 시설
2. 예시) 사람들이 도시로 많이 모이기 때문이에요. 사람들이 일자리를 찾거나, 더 나은 생활을 위해 도시로 이동하죠. 그래서 도시에는 사람이 너무 많아져요.

3-3
1. 고층빌딩
2. 예시) 나무들이 빽빽하게 밀집되어 있다.
3. 한 사회에서 노인의 인구 비율이 높은 상태로 나타나는 일
4. 예시 ①) 한정된, 수량이나 범위 따위가 제한되어 정해지다 / 예시 ②) 집중, 한곳을 중심으로 하여 모임

4-1
1. ②
2. ③
3. 문단별 내용 정리
   1문단 : 케이팝의 인기 이유
   2문단 : 케이팝으로 한국 관광 산업 활성화
   3문단 : 외국인 투자 유치에 도움이 되는 케이팝
   4문단 : 케이팝에 대한 기대
4. 예시) 첫째, 멋진 춤과 음악이에요. 케이팝 가수들은 춤을 잘 추고, 음악도 신나고 재미있어요. 무대를 보면 멋지고, 따라 하고 싶어져요. 둘째, 다양한 스타일이에요. 케이팝에는 여러 음악 장르가 있어서 누구나 좋아하는 노래를 찾을 수 있어요. 가수들의 패션도 멋지고 다양해요. 셋째, 팬들과의 소통이에요. 케이팝 가수들은 팬들과 많이 소통해요. SNS를 통해 팬들과 이야기하고, 팬미팅도 열어요. 그래서 가수들과 더 가까워지는 느낌을 받아요.

4-2
1. 정부 / 경공업
2. 중화학
3. 기계화 / 인터넷
4. 생계비 / 법과 제도
5. 예시) 첫 번째 이유는 정부의 지원이에요. 우리나라 정부는 경제를 발전시키기 위해 경공업을 적극적으로 지원했어요. 공장을 세우고, 필요한 기술과 자재를 제공하는 등 많은 도움을 줬어요. 두 번째 이유는 값싼 노동력이에요. 당시 우리나라의 노동자들은 열심히 일하면서도 임금이 비교적 낮았어요. 그래서 우리나라에서 만든 제품들은 다른 나라보다 가격이 저렴했어요. 이 점이 해외 시장에서 큰 인기를 끌었고, 수출이 많이 늘어났어요.

4-3
1. 관심을 돌리다
2. ③
3. ③

4. 예시 ①) 여유, 물질적·공간적·시간적으로 넉넉하여 남음이 있는 상태 / 예시 ②) 발전, 더 낫고 좋은 상태나 더 높은 단계로 나아감

5-1
1. O, X
2. 식량 주권
3. 문단별 내용 정리
   1문단 : 토종 씨앗의 뜻
   2문단 : 토종 씨앗이 사라지게 된 이유
   3문단 : 토종 씨앗의 중요성
   4문단 : 토종 씨앗이 사라졌을 때 나타나는 문제
   5문단 : 토종 씨앗 보존을 위한 우리의 할 일
4. 예시) 토종 씨앗은 우리나라에서 오랫동안 자라온 식물의 씨앗을 말해요. 이 씨앗들은 우리 조상들이 키우고 지켜온 소중한 자산이에요. 토종 씨앗을 지키려면 우선 토종 씨앗을 심고 키워요. 그리고 씨앗이 생기면 그 씨앗을 나눠서 더 많은 사람들이 토종 씨앗을 키울 수 있게 도와줘요. 제일 중요한 건 토종 씨앗의 중요성과 가치를 배우고, 친구들에게 알려 주는 거예요.
5. 예시) 나는 토종 씨앗처럼 우리나라의 주권을 지키기 위해 노력할 거예요.

5-2
1. 생산 / 소비
2. 한정
3. 기준
4. 예시) 첫째, 필요한 것과 원하는 것을 구분해요. 꼭 필요한 것만 사고, 꼭 필요하지 않은 건 생각해 보고 사는 게 좋아요. 이렇게 하면 돈을 절약할 수 있어요. 둘째, 가격 비교를 해요. 같은 물건이라도 가게마다 가격이 다를 수 있으니, 비교해 보고 가장 저렴한 곳에서 사는 게 좋아요.

5-3
1. 곡물(곡식)
2. ①-ⓒ / ②-ⓛ / ③-㉠
3. O, X, X
4. 예시 ①) 원산지, 농식물이 맨 처음 자라난 곳 / 예시 ②) 앉은뱅이, 키나 높이가 작거나 낮은 대상을 비유적으로 이르는 말

6-1
1. 지진, 화산활동
2. 제주도, 남해안 지역
3. 문단별 내용 정리
   1문단 : 대만 강진과 불의 고리
   2문단 : 지진이 자주 일어나는 대만

3문단 : 안전하지 않은 우리나라
4문단 : 지진에 대비한 연구와 대비 훈련

4 예시) 지진이 시작되면 가까운 탁자나 책상 아래로 들어가서 몸을 보호해요. 탁자나 책상이 없으면, 팔로 머리를 감싸고 방석이나 책을 머리에 올려 보호해요. 지진이 멈출 때까지 그 자리에 머물러요. 지진이 멈추면 천천히 계단을 이용해서 건물 밖으로 나가요. 엘리베이터는 사용하지 않아요. 밖으로 나오면 넓고 안전한 장소로 이동해요. 전기줄이나 건물 파편이 떨어질 수 있는 곳은 피해야 해요. 밖에 나오면 가족이나 친구와 함께 행동해요. 또 라디오나 휴대폰을 확인하면서 상황을 파악하고 안전 지침을 따라요.

6-2

1 황사, 가뭄, 폭염, 홍수, 태풍, 폭설, 한파, 지진
2 예시) 태풍이 오기 전에는 창문과 문을 단단히 잠그고, 밖에 있는 물건들을 실내로 옮겨야 해요. 그리고 비상 용품(손전등, 물, 음식)을 준비해요. 태풍이 지나가면 안전이 확인될 때까지 집 안에 있어요. 밖에 나간다면 떨어진 전선이나 나무를 피해야 해요.

6-3

1 예시) 계속된 장마로 댐의 수위가 높아지자 방류를 결정했다.
2 ①-㉠ / ②-㉡ / ③-㉢
3 ①
4 예시 ①) 저수지, 물을 모아 두기 위하여 하천이나 골짜기를 막아 만든 큰 못 / 예시 ②) 공소, 공적인 사무를 처리하는 곳

7-1

1 ① 저렴 / ② 배송
2 ① 타격 / ② 내구성 / ③ 건강
3 문단별 내용 정리
   1문단 : 중국 온라인 쇼핑 플랫폼의 국내 진출
   2문단 : 저렴하고 빠른 배송으로 국내 유통 구조를 변화시킴
   3문단 : 중국 온라인 쇼핑 플랫폼의 문제점
   4문단 : 중국 온라인 쇼핑 플랫폼에서 쇼핑할때 조심할 점
   5문단 : 중국 온라인 쇼핑 플랫폼 문제에 대한 해결 노력
4 예시 ①) 첫째, 중국 온라인 쇼핑 플랫폼에서는 같은 물건을 더 저렴하게 살 수 있어요. 그래서 돈을 절약할 수 있어요. 둘째, 다양한 물건을 쉽게 찾을 수 있어요. 선택의 폭이 넓어져요. / 예시 ②) 첫째, 가끔 품질이 좋지 않은 물건도 있기 때문에 실망할 수 있어요. 둘째, 문제가 있는 물건을 반품하거나 교환하기가 어려울 수 있어요.

7-2

1 물건, 서비스 / 경제적 이익
2 물건, 문화, 일자리
3 상호의존관계
4 예시) 다른 나라에 가면 그 나라의 문화와 전통을 직접 볼 수 있어요. 예를 들어, 일본에서는 전통적인 다도를 체험하고, 프랑스에서는 에펠탑을 볼 수 있어요. 또, 각 나라의 유명한 음식도 먹어 볼 수 있어요. 이탈리아에서는 피자를, 중국에서는 딤섬을 먹는 거예요. 그리고 각 나라의 특별한 물건도 살 수 있어요. 미국에서는 최신 전자제품을, 스위스에서는 멋진 시계를 살 수 있겠죠. 이렇게 다양한 경험을 통해 많은 것을 배울 수 있을 거예요.

7-3

1 ○
2 수출
3 수입
4 환율
5 예시) 우리나라에서 만들기 어려운 물건이나 다른 나라에서 더 잘 만드는 물건을 쉽게 살 수 있어요. 또 우리나라에서 나는 좋은 물건을 다른 나라에 돈을 벌 수 있어요. 이렇게 번 돈으로 더 좋은 물건을 만들거나, 새로운 사업을 시작할 수 있어요. 무역이 활발하면 더 많은 회사가 생기고, 사람들이 일할 곳이 많아져요. 또 무역을 통해 다른 나라의 문화를 접하고, 우리 문화를 다른 나라에 알릴 수 있어요.
6 예시) 첫째, 품질을 봐요. 물건이 튼튼하고 오래 쓸 수 있는지 살펴봐요. 둘째, 가격을 봐요. 너무 비싸지 않고 내가 가진 돈으로 살 수 있는지 확인해요. 셋째, 필요성이에요. 정말 필요한 물건인지 생각해 보고, 필요하지 않으면 사지 않아요. 넷째, 환경이에요. 환경에 나쁜 영향을 주지 않는지 고려해요. 마지막으로, 디자인이에요. 물건이 예쁘고 마음에 드는지도 중요해요. 이 기준들을 생각해서 국산품이든 외국 제품이든 나에게 가장 잘 맞는 물건을 고를 거예요.

8-1

1 ②
2 독거노인을 위한 문화예술 프로그램 운영
3 청소년 문화시설 확충을 위해 방과 후 취미 교실과 자율 활동 공간 만들기
4 문단별 내용 정리
   1문단 : 주민이 스스로 지역 문제를 해결하는 사회 혁신 공동체 사업
   2문단 : 지역 사회 문제 해결 분야에 나선 지역 사회
   3문단 : 공공서비스 사각지대 해소 분야에 나선 지역 사회
   4문단 : 주민 참여 공간 개선 분야에 나선 지역 사회
   5문단 : 행정 지원을 아끼지 않는 전라남도
5 예시) 저는 우리 동네에 쓰레기가 많아서 걱정이에요. 그

래서 쓰레기통을 늘리면 좋을 것 같아요. 사람들이 쓰레기를 버릴 수 있는 곳이 많아지면 길에 쓰레기를 덜 버릴 거예요. 둘째, 쓰레기 줍기 활동을 해요. 우리 동네 사람들이 함께 모여서 쓰레기를 줍는 활동을 하면 깨끗한 환경을 유지할 수 있어요. 친구들과 가족들이 함께 모여 쓰레기를 주우면 재미도 있고, 동네도 깨끗해져서 좋을 것 같아요.

8-2
1. 전문가 / 실천 / 대화, 타협
2. 예시) 첫째, 모임과 행사 열기예요. 동네에서 정기적으로 모임이나 행사를 열어 문제를 함께 이야기하고 해결 방법을 찾으면 좋아요. 모이면 서로의 의견을 듣고 함께 해결할 수 있어요. 둘째, 포스터와 전단지 만들기예요. 문제를 알리고 주민들이 참여할 수 있도록 포스터와 전단지를 만들어 배포하면 좋아요. 이렇게 하면 많은 사람들이 문제를 알게 되고, 참여하고 싶어질 거예요.

8-3
1. 담배꽁초
2. 바담깨비
3. 예시 ①) 미관, 아름답고 훌륭한 풍경 / 예시 ②) 해안가, 바닷물과 땅이 서로 닿은 곳이나 그 근처
4. 예시) 바담깨비는 밝은 색깔과 큰 크기로 만들어져서 눈에 잘 띄기 때문에, 아이들이 많이 있는 학교 근처에 바담깨비를 세우면, 어른들이 함부로 담배꽁초를 버리지 않도록 하는 효과를 줄 수 있어요.

9-1
1. 정보통신기술을 활용해서 식물이 잘 자랄 수 있는 환경을 자동으로 관리하는 농사
2. 병해충 관리 용이, 수확량 예측 용이, 자원 사용 최적화
3. 문단별 내용 정리
   1문단 : 네덜란드에서 열린 그린테크 박람회
   2문단 : 전통 농업 방식의 문제를 해결하기 위한 스마트팜
   3문단 : 스마트팜 시스템의 방법
   4문단 : 스마트팜의 장점
   5문단 : 스마트팜의 미래
4. 예시) 스마트팜에 채소와 과일을 기르면 좋을 것 같아요. 상추, 토마토, 딸기 같은 것들이에요. 신선한 채소와 과일을 기르면 건강하게 먹을 수 있어요.
5. 예시) 오늘 스마트팜에 갔다. 스마트팜은 신기하고 재미있었다. 제일 먼저 보고 싶은 것은 자동화된 기계였다. 기계가 어떻게 작물을 돌보는지 궁금했기 때문이다. 실제로 보니 정말 놀라웠다. 컴퓨터와 센서도 봤다. 컴퓨터가 작물을 확인하고, 필요한 영양분을 주는 것을 보니 정말 똑똑하다고 생각했다. 센서가 작물의 상태를 알려 줘서 작물이 건강하게 자랄 수 있다고 한다. 오늘 스마트팜에 가서 많은 것을 배웠고, 정말 재미있었다. 다음에 또 가고 싶다.

9-2
1. 인문환경 / 물고기, 김, 미역 / 산
2. 예시) 우리 동네에는 산과 강이 있어요. 산은 푸르고, 강은 맑아요. 그래서 우리는 주말에 가족과 함께 산에 올라가거나 강가에서 산책을 해요. 자연을 즐기면서 운동도 할 수 있어서 좋아요. 또 우리 동네에는 공원도 많아요. 공원에는 나무와 꽃이 많아서 아름다워요. 친구들과 공원에서 자주 놀고, 피크닉도 해요. 공원에서 뛰어놀면 기분이 정말 좋아져요.

9-3
1. ②
2. 바람
3. 예시) 저는 가족들과 임실 치즈마을에 가고 싶어요. 여기서 치즈 만들기 체험을 하고 싶어요. 소들이 목초지에서 풀을 뜯는 모습도 보고, 아름다운 풍경도 즐기고 싶어요. 맛있는 치즈를 먹고, 가족들과 즐거운 시간을 보낼 수 있을 것 같아요.
4. 예시) 우리 동네는 산과 강이 있어요. 산에서는 계단식 논을 만들어 쌀을 재배하고, 과수원에서 과일을 키울 수 있어요. 강에서는 논과 밭에 물을 주어 채소와 곡식을 재배할 수 있어요. 또, 강가에서 수생식물을 키우거나 어류 양식장을 만들어 물고기를 키울 수 있어요.

10-1
1. 계속해서 감소하고 있다
2. ① 근로 / ② 육아 / ③ 경제
3. 국가 경제, 국가 재정
4. 문단별 내용 정리
   1문단 : 우리나라 출산율의 감소
   2문단 : 심각한 우리나라의 저출산 현상
   3문단 : 저출산의 주요 원인
   4문단 : 저출산의 심각한 영향
   5문단 : 저출산 문제 해결을 위한 대응 필요
5. 예시) 저출산 문제를 해결하려면 일을 하면서 아이도 키울 수 있도록 해야 해요. 아이를 키우는 사람은 출근을 조금 늦게 하거나 퇴근을 조금 일찍하면 좋겠어요. 그리고 일하는 곳에 어린이집이 있으면 부모님들이 일을 하면서도 아이를 잘 돌볼 수 있을 것 같아요.

10-2
1. 아이 / 학생 / 가족 구성원
2. 지원 / 휴가 / 기관
3. 일자리 / 건강
4. 예시) 2070년에는 저출산과 고령화 때문에 어른들이

많고 아이들이 적은 사회가 될 것 같아요. 그래서 노인들이 일할 수 있는 직업이 많이 생길 거예요. 또한 로봇과 인공지능이 발전해서 사람들이 일하기 편해질 거예요. 노인 인구가 많으면 노인을 돌보는 일이 더 중요해지므로 노인 돌봄 서비스가 많이 필요할 거예요.

10-3
1. ④
2. ③
3. 아이를 낳는 것을 장려하는 뜻으로 주는 돈
4. 예시 ①) 장려, 좋은 일에 힘쓰도록 북돋아 줌 / 예시 ②) 경력 단절, 근무 역량은 있으나 출산이나 육아 등의 사유로 직장을 그만두는 것

11-1
1. 696만, 27.8%
2. 한일 정상회담으로 인한 양국 관계 개선, 한국 문화의 인기 증가, 일본 엔화 가치 하락
3. 문단별 내용 정리
   1문단 : 한국과 일본은 관광과 문화 교류가 활발함
   2문단 : 일본 관광객 1위의 한국 관광객
   3문단 : 한국과 일본을 방문한 관광객 수 1위의 이유
   4문단 : 지리적으로 가까운 한국과 일본
4. 예시) 한국과 일본 사람들이 서로의 나라를 여행하고 문화를 나누면 좋은 점이 많아요. 첫째, 더 친해질 수 있어요. 둘째, 서로의 문화를 배우고 이해할 수 있어요. 셋째, 관광 산업이 발전해서 두 나라 모두 돈을 잘 벌 수 있어요. 이렇게 서로 여행하고 문화를 나누면 우정이 깊어지고 경제도 발전할 수 있어요.

11-2
1. 화산, 지진 / 한자, 젓가락
2. 예시) 우리나라가 중국과 일본과 환경 회의를 하는 이유는 지리적으로 가까워서 서로 영향을 많이 받기 때문이에요. 공기 오염이나 바다 오염 같은 문제는 한 나라만의 문제가 아니에요. 그래서 함께 모여 문제를 해결해야 해요. 이렇게 협력하면 더 좋은 환경을 만들 수 있어요.

11-3
1. ①-ⓒ / ②-㉠ / ③-ⓒ
2. ③
3. 예시) 노 재팬 운동은 일본과의 역사적 갈등 때문에 일어났어요. 하지만 최근에는 일본의 문화와 음식이 다시 인기를 얻고 있어요. 그 이유는 젊은 세대가 일본 문화를 즐기고 좋아하기 때문이에요. 또한 인터넷과 SNS 덕분에 일본 문화를 쉽게 접할 수 있어서예요. 그래서 몇 년 사이에 우리나라 사람들이 일본에 대한 태도가 달라진 것 같아요.
4. 예시) 다른 나라의 문화를 배우고 경험하면 좋은 점이 많아요. 첫째, 새로운 지식을 얻을 수 있어요. 둘째, 다양한 생각을 할 수 있게 돼요. 셋째, 외국 친구들과 더 잘 지낼 수 있어요. 이렇게 하면 우리에게 도움이 돼요. 세계와 소통할 수 있고, 더 넓은 시야를 가질 수 있어요. 그래서 다른 나라의 문화를 배우는 것은 아주 중요해요.

12-1
1. 다케시마, 2월 22일
2. 인접 해양의 주권에 관한 대통령 선언, 우리 정부에 항의함
3. 한국
4. 문단별 내용 정리
   1문단 : 한국의 영토인 독도를 자신의 영토라 주장하는 일본
   2문단 : 다케시마의 날을 정해 독도 반환을 요구하는 일본
   3문단 : 우리나라와 일본의 독도 영유권에 대한 지속적인 갈등
   4문단 : 독도가 한국 고유 영토라는 입장을 견지하는 한국
   5문단 : 한국과 일본간의 첨예한 독도 영유권 문제
5. 예시) 첫째, 대화를 통해 서로의 입장을 이해하는 것이 중요해요. 둘째, 역사적 자료를 공유하고 공정하게 검토해야 해요. 셋째, 국제 법원의 도움을 받아 중재하는 것도 좋은 방법이에요. 이렇게 하면 한국과 일본이 평화롭게 문제를 해결할 수 있어요.

12-2
1. 중위도, 동쪽, 중국, 일본 / 반도
2. 삼면이 바다로 둘러싸인 반도 국가이기 때문에
3. ③
4. 예시) 첫째, 쓰레기를 줄이고 재활용을 잘해요. 둘째, 나무를 많이 심어 자연을 보호해요. 셋째, 역사와 문화를 공부해서 우리 국토에 대한 사랑과 자부심을 키워요.

12-3
1. 영해
2. 예시) 우리나라가 안전하기 위해서는 영토, 영해, 영공을 잘 지켜야 해요.
3. 예시 ①) 터전, 자리를 잡은 곳 / 예시 ②) 수직, 똑바로 드리우는 상태
4. 예시) 이곳들이 우리의 생활 터전이기 때문이에요. 이를 지키기 위해 여러 가지 일을 할 수 있어요. 첫째, 법을 잘 지키고 다른 나라와 협력해요. 둘째, 환경을 보호하고 깨끗하게 유지해요. 셋째, 역사와 문화를 공부해서 자부심을 가져요.

13-1
1. 10일
2. ① 210만 원 / ② 의무화

3 문단별 내용 정리
   1문단 : 출산율 증가를 위한 정부와 기업의 노력
   2문단 : 정부의 출산율 증가를 위한 방안
   3문단 : 아빠의 낮은 육아 휴직 문제 해결 방안 모색
   4문단 : 출산율 회복을 위한 전문가들의 조언
4 예시) 저는 육아 휴직 제도가 아주 중요하다고 생각해요. 부모님들이 아이를 잘 돌볼 수 있게 해 주기 때문이에요. 특히 아빠의 육아 휴직도 꼭 필요해요. 아빠가 육아에 참여하면 가족이 더 행복해질 수 있어요. 이를 위해 우리 사회의 분위기도 바뀌어야 해요. 아빠가 육아 휴직을 쓰는 것을 당연하게 생각하고, 회사에서도 응원해 주는 분위기가 필요해요.

13-2
1 남자, 여자 / 맞벌이 / 교육, 사회 활동
2 배려, 존중 / 협력
3 예시) 우리 가족은 서로 배려하고 존중해요. 아빠는 요리를 하고, 엄마는 수리를 해요. 집안일은 모두가 함께 나눠서 해요. 예를 들어, 청소는 형과 제가 번갈아 가며 하고, 설거지는 엄마와 아빠가 함께해요. 서로 도와주고 이해하려고 노력해요.

13-3
1 전진, 돌입, 진입
2 예시) 우리나라가 월드컵에서 결승에 진출했다.
3 ①-ⓒ / ②-ⓒ / ③-ⓒ
4 예시 ①) 이중, 두 겹 혹은 두 번 거듭되거나 겹침 / 예시 ②) 유지, 어떤 상태나 상황을 그대로 보존하거나 변함없이 계속하여 지탱함

14-1
1 젤란검 / 화학 약품이나 오염물을 남기지 않음
2 화학적 지식
3 문단별 내용 정리
   1문단 : 경복궁 담벼락에 스프레이 복원 작업 시작
   2문단 : 복원 작업을 위해 새로운 방법을 사용함
   3문단 : 복원을 위한 다양한 기술과 장비 사용
   4문단 : 문화재를 지키기 위해 매우 중요한 화학적 지식
   5문단 : 문화재가 훼손되지 않도록 다뤄야 함
4 예시) 첫째, 문화재 보호법을 잘 지켜야 해요. 둘째, 전문가들이 정기적으로 점검하고 수리해야 해요. 셋째, 아이들에게 문화재의 중요성을 가르쳐야 해요. 이렇게 하면 우리의 소중한 문화재를 오랫동안 잘 보존할 수 있어요.

14-2
1 농사직설 / 훈민정음
2 예시) 오늘은 세종대왕께서 훈민정음을 만드신 덕에 글을 배웠어요. 예전에는 한자를 몰라서 글을 읽고 쓰는 게 어려웠는데, 이제는 쉽게 배울 수 있어요. 편지도 쓰고 책도 읽을 수 있게 되었어요. 우리 백성들의 삶이 더 나아지고, 지식을 쌓을 수 있어서 정말 기뻐요. 세종대왕께 감사드려요.
3 예시) 첫째, 학교를 세워 모든 아이들이 공부할 수 있게 해요. 둘째, 병원을 많이 만들어 사람들이 건강하게 지낼 수 있게 해요. 셋째, 농사를 돕고 좋은 씨앗을 나눠 줘서 풍성한 수확을 할 수 있게 해요.

14-3
1 ① 변화 (ㅊ) / ② 계기 (ㅅ) / ③ 착용 (ㄱ) / ④ 효과 (ㄹ) / ⑤ 훼손 (ㅇ) / ⑥ 원형 (ㅁ) / ⑦ 발전 (ㄴ) / ⑧ 공유 (ㅂ) / ⑨ 균형 (ㅈ) / ⑩ 가치 (ㄷ)
2 예시) 첫째, 전통 축제와 행사를 자주 열어 문화를 즐기고 배우는 기회를 만들어요. 둘째, 전통 의상을 입고 특별한 날을 기념해요. 셋째, 전통 음식을 배우고 만들어 먹는 시간을 가져요.

15-1
1 크림반도 / 우크라이나 / 실패 / 우크라이나 / 흐르니우스크 / 솔레다르
2 문단별 내용 정리
   1문단 : 러시아와 우크라이나 전쟁의 시작
   2문단 : 러시아와 우크라이나 전쟁 과정
   3문단 : 러시아와 우크라이나 전쟁 결과
   4문단 : 러시아와 우크라이나 전쟁 추이
3 예시) 땅과 권력 때문에 전쟁이 생겼어요. 전쟁이 일어나지 않게 하려면 첫째, 대화를 통해 서로의 의견을 잘 들어야 해요. 둘째, 법과 규칙을 지켜야 해요. 셋째, 다른 나라들의 도움을 받아 평화롭게 해결해야 해요. 이렇게 하면 전쟁이 일어나지 않고, 모두가 행복하게 지낼 수 있어요.

15-2
1 국제기구 / 국가 / 비정부 기구 / 개인
2 예시) 첫째, 친구와 사이좋게 지내고 싸우지 않아요. 둘째, 다른 사람의 의견을 존중해요. 셋째, 봉사활동에 참여해 다른 사람들을 도와요.

15-3
1 ①-ⓑ / ②-ⓒ / ③-ⓐ / ④-ⓕ / ⑤-ⓔ / ⑥-ⓒ
2 공포, 선언, 공고, 성명
3 영국 / 유대인, 고국 / 아랍인들 / 유대인 / 건국 / 전쟁

16-1
1 결혼, 출산 / 사망, 이혼
2 ① 외로움 / ② 고립 / ③ 경제적
3 문단별 내용 정리

1문단 : 우리나라 1인 가구 증가
2문단 : 1인 가구가 늘어나는 이유
3문단 : 1인 가구가 늘면서 생기는 부정적인 면
4문단 : 정부와 지자체의 다양한 정책 마련
5문단 : 1인 가구에 맞는 맞춤형 지원 제공

4 예시) 우리나라에서 1인 가구가 늘어나는 이유는 사람들이 혼자 사는 것을 더 편하게 느끼기 때문이에요. 또한, 결혼을 늦게 하거나 하지 않는 사람이 많아졌어요. 1인 가구를 위해 우리는 작은 집을 많이 짓고, 안전한 환경을 만들어야 해요. 또한, 혼자서도 즐길 수 있는 활동을 많이 제공해야 해요.

16-2
1 구성원
2 예시) 서로 다른 두 가족이 함께 살게 된 가족, 입양을 통해 함께하게 된 가족 등
3 반려동물
4 예시) 우리 가족은 핵가족이에요. 다양한 가족 형태가 있지만, 모두 소중하고 특별하다고 생각해요. 한부모 가정, 조부모 가정, 다문화 가정 등 여러 형태의 가족이 있지만, 중요한 것은 서로 사랑하고 배려하는 마음이에요. 이렇게 하면 어떤 가족 형태라도 행복할 수 있어요.

16-3
1 핵가족
2 ④
3 예시) 최근 세대 차이가 심각한 사회 문제로 떠오르고 있다.
4 예시 ①) 지지, 어떤 사람이나 단체 따위의 주의·정책·의견 따위에 찬동하여 이를 위하여 힘을 씀 / 예시 ②) 일손, 일을 하는 사람

17-1
1 1910년부터 1945년까지
2 한글, 전통 음식, 정체성
3 문단별 내용 정리
1문단 : 식민지역사박물관에서 간토대학살 전시가 열림
2문단 : 간도대지진 당시 학살당한 우리나라 사람들
3문단 : 식민지 시대를 벗어나고자 한 독립운동가들
4문단 : 식민지 시대 사람들은 억압 속에서도 문화를 지키려 노력함
5문단 : 우리 역사를 소중하게 여기는 마음이 중요
4 예시) 첫째, 우리 조상들이 많이 고생했구나 하는 생각이 들었어요. 그때는 자유도 없고 힘든 일을 많이 해야 했기 때문에 정말 힘들었을 것 같아요. 둘째, 우리 역사를 소중히 해야겠구나 하는 생각도 들었어요. 조상들이 지켜온 나라를 우리가 잘 지켜야 한다고 느꼈어요. 그래서 역사 공부를 열심히 하고 전통을 잘 지키고 싶어요.

17-2
1 안내도 / 시간 약속 / 사진
2 ④
3 예시) 경주 석굴암 / 2025. 6.1~2025.6.2./ 1. 석굴암을 지을 때 어떤 재료와 기술을 사용했나요? 그리고 어떻게 이토록 정교한 조각을 만들었나요? 2. 석굴암 내부의 본존불은 어떤 의미를 가지고 있나요? 그리고 왜 이 위치에 설치되었나요? 3. 석굴암을 보존하고 관리하기 위해 현재 어떤 노력이 이루어지고 있나요? 그리고 방문객들이 유의해야 할 점은 무엇인가요?

17-3
1 어딘가에 갇힌다는 뜻 같아요.
2 ①-ⓒ / ②-ⓛ / ③-㉠
3 예시 ①) 한눈, 한꺼번에 / 예시 ②) 의거, 정의를 위하여 개인이나 집단이 의로운 일을 도모함
4 예시) 나는 일제 강점기를 살펴볼 수 있는 서대문형무소 역사관에 가고 싶어요. 그곳에 가면 독립운동가들이 갇혀 있던 감옥과 고문 도구에 관심을 가질 거예요. 우리 조상들이 얼마나 고생했는지 배우고 싶어요. 그래서 자유의 소중함을 느끼고, 역사를 잊지 않도록 노력할 거예요.

18-1
1 방역이 제대로 이루어지지 않았기 때문에
2 기자 회견, 정당, 평가 점수, 계약 연장
3 문단별 내용 정리
1문단 : 법원의 역할
2문단 : C 회사 물류센터 방역 대책을 요구함
3문단 : 부당한 회사의 결정에 소송함
4문단 : 부당해고에 대한 법원의 판결
5문단 : 손해배상에 대한 법원의 판결
4 예시) 법원이 손해배상에 대해 판결할 때는 여러 기준이 있어요. 먼저, 손해가 실제로 발생했는지 확인해요. 그리고 손해와 해고 사이에 관계가 있는지 봐요. 마지막으로, 해고가 불법적이었는지 판단해요. 이 기준들을 통해 손해배상을 결정해요. 이번 경우에는 손해배상 요건이 충족되지 않았기 때문에 배상을 받지 못했어요. 법원은 공정하게 판단하려고 노력해요.
5 예시) 법원은 사람들 사이의 문제를 공정하게 해결하는 곳인 것 같아요. 법원은 규칙을 지키고 옳고 그름을 판단해서 공평하게 결정해요. 그래서 두 노동자가 기자회견을 연 것이 정당하다고 판단했어요. 법원이 있으면 모두가 공정하게 대우받을 수 있어요. 법을 잘 지키는 것도 중요해요.

18-2
1 법, 재판

2 공개 / 3심 제도
3 ①
4 예시) A군은 만 14세 미만의 촉법소년이기 때문에 형사 처벌을 받을 수 없어요. 하지만 A군이 한 행동은 매우 잘못된 일이에요. 먼저, A군이 왜 그런 행동을 했는지 잘 조사하고, A군이 다시는 그런 행동을 하지 않도록 도와줘야 해요. 치료 프로그램을 받게 해서 자신의 잘못을 깨닫고, 올바른 행동을 배울 수 있도록 해야 해요. 피해자 할머니께는 충분한 치료와 지원을 제공하여 빠르게 회복되시도록 도와드릴 거예요.

18-3
1 검토
2 이유
3 예시 ①) 제출, 의견이나 법안 따위를 냄 / 예시 ②) 실행, 실제로 행함.
4 예시) 어느 날, 친구와 놀다가 장난감 때문에 다툰 적이 있어요. 서로 화가 나서 말다툼을 했죠. 그 후, 선생님이 우리를 불러서 이야기를 나누게 했어요. 먼저, 서로의 입장을 말하고, 왜 화가 났는지 설명했어요. 그 후, 서로 사과하고 화해했어요.
재판도 비슷해요. 재판에서는 문제가 생긴 사람들(원고와 피고)이 법정에서 서로의 이야기를 말해요. 판사님이 그 이야기를 듣고 공정하게 판단해요. 우리 문제 해결과 달랐던 점은, 재판에서는 판사님이 결정을 내리지만, 우리 경우에는 선생님의 도움으로 직접 해결했어요. 중요한 것은 대화로 문제를 해결하는 거예요.

19-1
1 5월부터 연말까지
2 100여 척
3 청담대교 교각
4 문단별 내용 정리
1문단 : 한강공원 전역에서 펼쳐지는 한강 페스티벌
2문단 : 한강의 여름 페스티벌
3문단 : 한강의 가을 페스티벌
4문단 : 한강의 겨울 페스티벌
5문단 : 2024년 한강 페스티벌 안내
5 예시) 한강 그림 그리기 대회 / 첫째, 한강은 정말 아름다운 곳이에요. 한강에는 멋진 풍경과 다양한 동식물이 있어요. 그래서 한강을 배경으로 그림을 그리면 멋진 작품이 나올 거예요. 둘째, 그림 그리기는 누구나 쉽게 참여할 수 있는 활동이에요. 어린이, 어른 할 것 없이 모두가 함께 즐길 수 있어요.

19-2
1 예시) 유달산 / 목포 근대 역사관 / 고하도 전망대 / 목포 종합 수산 시장 (각각의 예시 답변은 전라남도 목포를 기준으로 했어요. 살고 있는 지역의 주요 장소들을 찾아 답해 보세요.)
2 주요 장소
3 예시) 우리 동네 공원에 투표할 거예요. 첫째, 우리 동네 공원은 많은 사람들이 즐겨 찾는 곳이에요. 아침에는 어른들이 산책하고, 오후에는 친구들과 함께 놀이터에서 놀 수 있어요. 저녁에는 가족들이 함께 산책을 하면서 시간을 보내요. 이렇게 다양한 사람들이 공원을 이용하니까, 우리 동네를 대표하는 장소로 딱이에요. 둘째, 우리 동네 공원에는 아름다운 나무와 꽃들이 많아요. 봄에는 벚꽃이 피고, 여름에는 푸른 잔디밭에서 뛰어놀 수 있어요. 가을에는 단풍이 예쁘게 물들고, 겨울에는 눈이 쌓여서 눈사람도 만들 수 있어요.

19-3
1 ③
2 ①
3 예시) 버스, 자전거
4 예시) 가장 맛있는 식당, 가장 맛있는 빵집, 가장 재미있는 놀이터, 가장 큰 도서관, 가장 아름다운 공원, 가장 오래된 나무, 가장 인기 있는 카페, 가장 신선한 시장, 가장 멋진 산책로, 가장 좋은 운동장 등

20-1
1 760m
2 45년
3 한겨울 추위와 차가운 바람
4 문단별 내용 정리
1문단 : 살기 좋은 고도 해발 700~800m
2문단 : 45년 동안 배추와 무를 재배해 온 임 농부
3문단 : 황태 말리기에 최적의 강원도 고랭지
4문단 : 강원도 고랭지의 특징을 잘 이용하는 임 농부
5 예시) 대관령은 여름에는 시원하고, 겨울에는 아주 추워요. 배추는 여름에도 시원한 곳에서 자라기 때문에 더 맛있고 신선해요. 추운 날씨 덕분에 병충해도 적고, 농약을 덜 써서 건강해요. 황태는 겨울의 추운 바람과 햇빛을 받아서 마르기 때문에, 대관령의 칼바람을 맞으며 말린 황태가 맛이 깊고 영양가가 높아요.

20-2
1 자연환경 / 치즈 / 쌀 / 생선
2 예시) 우리나라 음식 중에서는 김치찌개가 가장 기억에 남아요. 엄마가 만들어 주신 김치찌개는 정말 맛있었어요. 추운 날 뜨거운 김치찌개를 먹으면 몸이 따뜻해지고 기분이 좋아져요.
다른 나라 음식 중에서는 피자가 가장 기억에 남아요. 피자는 이탈리아 음식인데, 치즈와 토마토소스, 다양한 토핑이 올라가서 정말 맛있어요. 특히 치즈가 쭉 늘어

나는 모습이 재미있고 맛있어요.

20-3
1 무명
2 ①-ⓔ / ②-ⓛ / ③-ⓒ / ④-ⓓ / ⑤-ⓐ
3 예시) 돼지국밥 / 돼지국밥은 든든한 한 끼 식사예요. 따뜻한 국물과 부드러운 돼지고기가 들어 있어서 배가 든든해져요. 여행 중에 든든하게 먹고 나면 힘이 나서 더 많이 구경할 수 있을 것 같아요. 또 돼지국밥은 부산의 대표 음식 중 하나예요. 부산에 가면 꼭 먹어봐야 한다고 들었어요. 현지 사람들이 즐겨 먹는 음식을 맛보면 그 지역의 문화를 더 잘 이해할 수 있을 것 같아요.
4 예시) 전복은 바다에서 나는 고급 해산물로, 제주도에서는 신선한 전복을 쉽게 구할 수 있어요. 전복죽이나 전복구이로 먹으면 건강에도 좋아요. 제주도 바다에서 잡은 고등어는 기름지고 맛있어요. 고등어구이나 조림으로 먹을 수 있어요.

21-1
1 6시 32분 서울 지역에 경계경보 발령. 국민 여러분께서는 대피할 준비를 하시고, 어린이와 노약자가 우선 대피할 수 있도록 해주시기 바란다.
2 45분
3 문단별 내용 정리
1문단 : 서울시의 위급 재난 문자 발송
2문단 : 혼란스러웠던 서울과 정정 문자
3문단 : 서울시장의 사과와 설명
4문단 : 재난 문자의 개선 필요
5문단 : 정부와 각 시도의 철저한 준비 요구
4 예시) 정말 놀라고 무서웠어요. 갑자기 휴대폰에서 큰 소리가 나서 깜짝 놀랐고, 재난 문자 내용을 읽으니 더 무서워졌어요. 오발송된 재난 문자 때문에 너무 놀랐지만, 다행히 아무 일도 없어서 안심했어요.
5 예시) 첫째, 재난 문자 시스템을 더 철저히 점검할 거예요. 문자를 발송하기 전에 여러 번 확인하고, 잘못된 정보가 들어가지 않도록 꼼꼼히 검사할 거예요. 이를 위해 전문 팀을 꾸려서 정기적으로 시스템을 점검하고 테스트할 거예요. 둘째, 시민들에게 재난 문자에 대한 교육을 할 거예요. 어떻게 대치해야 하는지 알려줄 거예요. 또한, 오발송이 발생했을 때 당황하지 않고 차분히 대처하는 방법도 가르칠 거예요.

21-2
1 ②
2 ① 전화 / ② 화상 통화 / ③ 전자 우편, 모바일 메신저 / ④ 전화
3 교환원, 스마트폰
4 예시) 찬성한다 / 1.스마트폰을 통해 부모님과 쉽게 연락할 수 있어서 안전해요. 길을 잃거나 위험한 상황일 때 바로 도움을 요청할 수 있어요. 2. 스마트폰을 이용하면 다양한 정보를 쉽게 얻을 수 있어요. 학교 숙제나 공부할 때 유용한 자료를 찾을 수 있어서 학습에 도움이 돼요. 3. 친구들과 소통하고 관계를 유지하는 데 도움이 돼요. 요즘은 많은 친구들이 스마트폰을 사용해서, 스마트폰이 없으면 친구들과 소통이 어려울 수 있어요.

21-3
1 자연재해, 사회 재난 / 경제적 / 피로도
2 예시 ①) 재난, 뜻밖에 일어난 재앙과 고난. / 예시 ②) 모색, 일이나 사건을 해결할 수 있는 실마리나 방법을 찾음.
3 예시) 우주에도 재난 문자 전송이 가능하다면 신기할 것 같아요! "주의: 지구에서 큰 지진 발생! 우주 비행사들은 안전한 곳으로 이동하세요.", "경고: 태양 폭발로 인한 강한 태양풍 발생! 우주선의 보호막을 강화하세요.", "알림: 우주 쓰레기 충돌 위험! 우주선의 위치를 조정하세요." 같은 문자가 있을 수 있어요. 우주에서도 재난 문자로 중요한 정보를 받을 수 있다면, 우주 비행사들은 더 안전하게 임무를 수행할 수 있을 거예요.

22-1
1 중국 베이징
2 청포도, 광야
3 문단별 내용 정리
1문단 : 이육사의 순국 추모 행사
2문단 : 이육사가 순국한 지하 감옥에 있던 곳에 열린 행사
3문단 : 이육사의 이름의 유래와 생애
4문단 : 이육사의 작품 활동과 순국
5문단 : 이육사 추모 행사의 의의
4 이육사는 독립운동으로 감옥에 갇힐 때 번호가 '264'번이어서 자신의 호를 '육사'라고 지었어요.
5 예시) 자신의 이름을 '이육사'로 부를 때마다 더 열심히 독립운동을 해야겠다고 생각했을 것 같아요. 독립운동을 하다가 일제에 잡혀서 힘이 들 때마다 "포기하지 않고 끝까지 싸울 거야"라는 생각을 했을 것 같아요. 그리고 "내가 겪는 고통이 우리나라의 독립을 위한 길"이라고 믿었을 거예요.

22-2
1 조선 총독부, 언론, 헌병, 토지 조사 / 비밀, 국외
2 안창호
3 예시) 일제는 한국을 자신들의 식민지로 삼아, 한국의 문화와 역사를 없애고 싶어 했어요. 한국 사람들을 일본 사람처럼 만들기 위해 이름을 바꾸게 하고, 한국어와 역사를 공부하지 못하게 했어요. 이렇게 하면 한국 사람들이 자신들의 뿌리를 잊고, 일본의 식민지로 더 쉽게 통

제될 거라고 생각했어요. 일제는 전쟁을 준비하고 있었기 때문에 한국의 자원과 사람들을 전쟁에 이용하려고 했어요. 그래서 물자를 강제로 가져가고, 한국 사람들을 강제로 전쟁에 동원했어요.

22-3
1 ①-ⓒ / ②-⊙ / ③-ⓛ
2 이상화, 이육사, 윤동주, 한용운
3 예시) 죽는 날까지 하늘을 우러러/한 점 부끄럼이 없기를,/잎새에 이는 바람에도/나는 괴로워했다.//별을 노래하는 마음으로/모든 죽어가는 것을/사랑해야지/그리고 나한테 주어진 길을/걸어가야겠다.//오늘 밤에도 별이 바람에 스치운다. _윤동주「별 헤는 밤」
4 예시) 저는 가족이 가장 소중해요. 가족이 행복하고 건강하게 지내는 것이 저에게는 가장 중요해요. 그래서 저는 가족들이 아프지 않도록 집안일을 도와줄 수 있어요. 또, 가족이 힘들 때 위로해 주고 도와줄 수 있어요. 그리고 가족과 함께 즐거운 시간을 보내면서 서로의 마음을 잘 이해할 수 있도록 노력할 거예요.

23-1
1 세 번째
2 3조~4조
3 도지사 직속 감사위원회
4 문단별 내용 정리
1문단 : 특별자치시도의 지위를 획득한 강원도
2문단 : 높아진 재정 자립도를 통한 지역 발전에 대한 기대
3문단 : 강화된 자치권으로 지키기 쉬워진 지역 문화유산
4문단 : 강원특별자치도 출범을 위한 다양한 준비 작업과 기대
5 예시) 강원도가 특별자치도가 되면, 강원도의 지역 발전에 큰 도움이 될 것 같아요. 첫째, 새로운 학교나 병원을 짓거나, 관광지를 더 멋지게 만들거나 해서 강원도 주민들이 필요로 하는 다양한 프로젝트를 더 쉽게 추진할 수 있어요. 둘째, 많은 사람들이 강원도를 방문할 것 같아요. 지역 경제가 더 좋아지고, 주민들도 더 많은 일자리를 가질 수 있어요. 따라서 강원도의 특별지치도 출범이 좋은 본보기기 될 것 같아요.

23-2
1 옛날, 문화, 의미
2 무형
3 ①-④-②-⑤-③-⑥
4 예시) 낙성대 / 낙성대는 강감찬의 생가터예요. 강감찬은 고려 시대에 나라를 위기에서 구해낸 영웅이에요. 특히 거란군을 크게 이긴 '귀주대첩'은 강감찬의 능력을 뽐내기에 부족함이 없어요. 그런 강감찬이 태어난 곳이 낙성대에요.

23-3
1 예시) 우리는 아름다운 자연환경을 보존, 잘 보호하고 간수하여 남김.
2 ①
3 ③
4 예시 ①) 원칙, 어떤 행동이나 이론 따위에서 일관되게 지켜야 하는 기본적인 규칙이나 법칙./ 예시 ②) 보존, 잘 보호하고 간수하여 남김.

24-1
1 안정성, 의료, 교육, 인프라 부문에서 만점을 받아서
2 문화와 환경 부문
3 문단별 내용 정리
1문단 : 세계 살기 좋은 도시 지수가 15년 만에 최고치 기록
2문단 : 1위를 한 비엔나와 3, 4위를 한 멜버른과 시드니
3문단 : 밴쿠버, 오사카, 오클랜드의 장점
4문단 : 각기 다른 매력과 장점을 가진 도시들
4 예시) 내가 가장 가고 싶은 도시는 비엔나이에요. 첫째, 비엔나에 가서 옛날 왕궁, 멋진 성당, 아름다운 박물관 등을 직접 보고 싶어요. 이렇게 멋진 곳에서 사진도 많이 찍고, 역사에 대해 배울 수 있을 것 같아서 정말 가고 싶어요. 둘째, 버스나 지하철을 타고 쉽게 다닐 수 있어서 여행하기 편할 것 같아요.
5 예시) 나는 2위 도시가 서울일 것 같아요. 그 이유는 첫째, 서울은 매우 안전한 도시예요. 경찰이 많고, 밤에도 사람들이 많이 다녀서 안전하게 생활할 수 있어요. 둘째, 좋은 학교와 병원이 많아서 사람들이 좋은 교육을 받고, 건강하게 지낼 수 있어요. 셋째, 여러 가지 축제와 공연을 즐길 수 있고, 다양한 음식도 맛볼 수 있어요.

24-2
1 가나 / 타이, 그린란드
2 예시) 환경이 오염되면 우리는 밖에 나가서 신나게 놀기 힘들어져요. 공기도 나쁘고 내리는 비도 산성비가 되어서 몸에 안 좋기 때문이에요. 환경오염을 막기 위해서는 첫째, 공장에서 나오는 오염물질을 줄여야 해요. 이를 위해 공장들은 폐수를 정화하는 장치를 사용해야 해요. 이렇게 하면 깨끗한 물이 강으로 흘러 들어갈 수 있어요. 둘째, 농장에서 비료와 농약을 적게 사용해야 해요. 농부들이 친환경적인 방법을 사용하면 비료와 농약이 강에 흘러 들어가지 않아서 강물을 깨끗하게 유지할 수 있어요.

24-3
1 ④

2 다르다

3 예시 ① 미치다, 공간적 거리나 수준 따위가 일정한 선에 닿다 / 예시 ② 여가, 일이 없어 남는 시간.

4 예시) 내가 살고 있는 도시는 공원과 산책로가 많아서 사람들이 자연을 즐길 수 있어요. 먼저, 우리 도시에 있는 큰 공원은 사람들이 많이 찾아오는 곳이에요. 주말마다 가족들이 공원에 와서 자전거를 타거나 산책을 해요. 그리고 산이 가까이에 있어서 등산도 할 수 있어요. 산에 오르면 운동도 되고, 정상에서 보는 경치가 정말 아름다워요. 산속에서 새소리를 들으며 걷는 것도 즐거운 경험이에요. 자연 속에서 시간을 보내면 스트레스도 풀리고, 건강해질 수 있어서 정말 좋아요.

25-1

1 원유 사용을 줄이고 환경도 보호하기 위해서

2 많은 차를 전기 자동차로 바꾸자.

3 전기 자동차를 충전할 인프라가 부족하고 초기 구매 비용이 비싸서

4 문단별 내용 정리
1문단 : 2030년까지 전기 자동차 도입을 목표로 하는 인도
2문단 : 충전 인프라 부족과 비싼 비용으로 대중화 시간 소요
3문단 : 인도 전기 자동차 산업에 나타나는 긍정적인 변화
4문단 : 충전 인프라 확충에 주력하고 있는 정부와 기업
5문단 : 정부와 기업의 협력으로 목표 달성 시 얻을 수 있는 것

5 예시) 전기 자동차는 전기로 움직여서 배기가스를 내보내지 않아요. 그래서 공기가 더 깨끗해져요. 또 배기가스에는 지구를 따뜻하게 만드는 온실가스가 포함되어 있는데, 전기 자동차는 이런 가스를 내보내지 않아서 지구를 보호할 수 있어요. 재생 가능한 태양광이나 풍력 같은 깨끗한 에너지로 전기를 만들어서 자동차를 충전할 수 있어요. 이렇게 하면 지구의 자원을 더 아낄 수 있어요.

6 예시) 우리가 숨 쉬는 공기가 맑아지고, 건강해질 수 있어요. 특히, 천식이나 알레르기가 있는 사람들이 더 편하게 지낼 수 있을 거예요. 연료비가 적게 들어서 돈을 절약할 수 있어요. 전기를 사용해서 운행하니까 기름값을 걱정하지 않아도 돼요. 이렇게 절약한 돈으로 다른 필요한 것들을 살 수 있어요.

25-2

1 화상 진료 / 스마트폰 / 스마트 카

2 스마트 가전제품들

3 가상현실 게임

4 예시) 우리 집에서 사물인터넷과 인공지능을 활용하고 있는 물건은 스마트 스피커가 있어요. 스마트 스피커는 인공지능을 사용해서 우리 말을 알아듣고 대답해 줘요. "오늘 날씨가 어때?"라고 물어보면 바로 날씨를 알려 줘요. 손을 쓰지 않아도 필요한 정보를 쉽게 얻을 수 있어요. "청소기 작동해"라고 하면 로봇 청소기가 혼자서 청소를 해서 훨씬 편해요.

25-3

1 인터넷

2 스스로 운전할 수 있는 자동차

3 예시) 스마트 냉장고가 있어요. 스마트 냉장고는 안에 있는 음식들의 유통기한을 알려 줘서 음식이 상하기 전에 먹을 수 있게 도와줘요. 이렇게 하면 음식물을 버리는 일이 줄어들고, 돈도 절약할 수 있어요. 스마트 냉장고는 요리 레시피도 추천해 줘요. 냉장고 안에 있는 재료로 만들 수 있는 요리를 알려 줘서, 매일 무엇을 먹을지 고민하지 않아도 돼요.

4 예시) 자율 주행 자동차가 있다면 사고가 줄어들고, 사람들이 다치는 일도 적어질 거예요. 또, 자율 주행 자동차가 스스로 길을 찾기 때문에 길을 잘 모르는 사람도 어디든지 쉽게 갈 수 있어요. 시간도 절약될 거예요. 차 안에서 책을 읽거나 게임을 할 수 있고, 심지어 잠을 잘 수도 있어요. 이렇게 하면 더 많은 일을 할 수 있고, 하루가 더 길어질 것 같아요.

26-1

1 ②

2 ③

3 문단별 내용 정리
1문단 : 다양한 문화를 이해하기 위한 캠페인
2문단 : 다문화 인식 개선의 필요
3문단 : 다문화 숏폼 영상 공모전 안내
4문단 : SNS 응원 캠페인 소개

4 예시) 서로 다른 문화를 이해하면 친구를 더 많이 사귈 수 있어요. 우리와 다른 문화를 가진 사람들과 친구가 되면 더 많은 것을 배울 수 있고, 재미있는 경험도 할 수 있어요. 또, 서로를 존중하면 싸움이 줄어들고 모두가 행복해져요.

5 예시) 우리가 만들고 싶은 주제는 '다양한 나라의 음식 소개'예요. 여러 나라의 음식을 통해 서로의 문화를 쉽게 이해할 수 있기 때문이에요. 한국의 김치, 일본의 스시, 이탈리아의 피자, 멕시코의 타코 등을 소개할 거예요. 다양한 음식을 소개하면, 친구들이 재미있게 다른 나라의 문화를 배울 수 있어요. 음식은 모두가 좋아해서 공감할 수 있을 것 같아요.

26-2

1 생활 방식

2 공정 / 구분

3 추운 겨울날 길 위에 있던 노인 분께 따뜻한 빵과 차를

사드린 일, 작년 크리스마스 동네 복지관을 방문해 어르신들께 쿠키와 말을 전한 일

4 예시) 길에서 쓰레기를 보면 주워서 쓰레기통에 버려요. 이렇게 하면 우리 동네가 더 깨끗해져요. 이웃 어르신들을 보면 인사드리고, 무거운 짐을 들고 계시면 도와드려요. 이렇게 작은 도움도 이웃들에게 큰 힘이 될 수 있어요. 친구들이 힘들어할 때 이야기를 잘 들어주고, 함께 놀아 줘요. 친구들이 기분이 좋아지면 저도 행복해져요.

26-3
1 차이
2 소통
3 자연 / 자유, 이성 / 함축 / 구체
4 ① 백희나 작가의 구름빵 / ② 어느 날, 작은 고양이 남매는 아침에 일어나서 구름 한 조각을 발견해요. 그 구름을 엄마에게 가져다주자, 엄마는 그 구름으로 빵을 만들어요. 구름빵을 먹으면 하늘을 날 수 있게 된다는 것을 알게 된 남매는 아빠에게 구름빵을 가져다주기로 해요. 아빠는 비가 와서 출근길에 차가 막혀 지각할 뻔했지만, 구름빵을 먹고 하늘을 날아서 제시간에 출근할 수 있었어요. 구름빵 덕분에 아빠는 무사히 회사에 도착하고, 가족은 행복한 하루를 보내요.

27-1
1 ②
2 미국에 중국의 정보가 넘어가는 것을 막기 위해서
3 문단별 내용 정리
   1문단 : 마이크로소프트의 중국 지사 안드로이드 금지
   2문단 : 구글 관련 서비스를 금지하는 중국의 정책
   3문단 : 마이크로소프트의 우려
   4문단 : 정보 보안에 대한 국제적 갈등
   5문단 : 앞으로의 전망의 우리의 자세
4 예시) 기술이 다른 곳으로 넘어갈까 걱정해서 사용을 금지하는 부작용이 나타나요. 그러면 갈등이 커지고 서로를 믿지 못하게 되어 협력하기가 어려워져요.
5 예시) 첫째, 서로 다른 기업의 기술과 아이디어를 모으면 더 좋은 결과를 만들 수 있어요. 한 기업은 좋은 컴퓨터를 만들고, 다른 기업은 좋은 소프트웨어를 만들면, 둘이 함께 더 멋진 컴퓨터를 만들 수 있어요. 둘째, 협력하면 문제를 더 빨리 해결할 수 있어요. 어려운 문제를 혼자 해결하려면 시간이 오래 걸리지만, 여러 기업이 함께 고민하면 더 빨리 해결책을 찾을 수 있어요.

27-2
1 서원 / 군포 / 척화비
2 X, X
3 예시) 숙제를 해야 하는데 너무 피곤해서 그냥 TV를 봤어요. 그때는 "조금만 쉬고 나중에 할 거야"라고 생각했어요. 하지만 결국 숙제를 늦게 끝내서 엄마한테 혼나고 말았어요. 그때 정말 후회됐어요.

27-3
1 ②
2 예시) 새로운 것들은 항상 저를 기대하게 만들어요.
3 예시 ①) 방사선, 방사성 원소의 붕괴에 따라 물체에서 방출되는 입자들. 프랑스의 물리학자 베크렐이 우라늄 화합물에서 발견한 것으로, 알파선·베타선·감마선이 있다. / 예시 ②) 원자력, 원자핵의 붕괴나 핵반응의 경우에 방출되는 에너지가 지속적으로 연쇄 반응을 일으켜 동력 자원으로 쓰일 때의 원자핵에너지
4 예시) 마리 퀴리는 새로운 과학 지식을 통해 세상을 더 좋게 만들었어요. 많은 사람들이 그녀의 연구 덕분에 병을 치료할 수 있었어요. 흥선 대원군은 새로운 문화를 거부했어요. 그래서 우리나라가 다른 나라들보다 발전이 늦어졌어요.

28-1
1 계절, 농사, 행사, 의식, 자연, 조화
2 인터넷과 SNS 덕분에
3 문단별 내용 정리
   1문단 : 계절 변화와 농사를 바탕으로 한 세시풍속
   2문단 : 현대 사회에 와서 사라지고 있는 세시풍속
   3문단 : 현대 문화에 관심이 있는 젊은 세대와 전통문화의 중요성
   4문단 : 세시풍속을 보존하고 이어가기 위한 노력
4 예시①) 윷놀이 / 예시②) 설날, 스마트폰으로 윷놀이 게임을 하거나 한복을 입고 SNS에 사진을 찍어서 올리는 챌린지를 열면, 현대 문화와 전통문화를 접목할 수 있을 거예요. 그러면 전통문화가 더 친근해지고, 사람들도 더 많이 즐길 수 있어요.

28-2
1 ②
2 차례
3 ②
4 예시) 1979년의 추석이 더 마음에 들어요. 가족들이 다 모여서 함께 시간을 보내는 건 중요하다고 생각해요. 왜냐하면 첫째, 가족이 좋은 추억을 만들 수 있어요. 둘째, 우리의 전통을 지킬 수 있어요. 셋째, 명절을 즐겁게 보낼 수 있어요.
5 예시) 정월대보름 / 부럼깨기 / 옛날에는 버짐이 많이 생겼대요. 그래서 몸에 좋은 견과류를 먹고, 튼튼하게 자라게 하기 위해서 생겼어요.

28-3
1 ③

2 ②
3 ①
4 예시) 친구들과 함께 '플라스틱 줄이기 챌린지'를 했어요. 이 챌린지는 일주일 동안 플라스틱을 최대한 사용하지 않는 거예요. 처음에는 조금 어려웠지만, 점점 익숙해졌어요. 물병 대신 텀블러를 쓰고, 비닐봉지 대신 장바구니를 사용했어요. 챌린지를 하면서 환경을 보호하는 데 도움이 된다는 느낌이 들어서 뿌듯했어요. 친구들과 함께해서 더 재미있었고, 서로 응원하면서 챌린지를 끝까지 할 수 있었어요.
5 예시) '책 읽기 챌린지'를 만들고 싶어요. 이 챌린지는 한 달 동안 매일 30분씩 책을 읽는 거예요. 책을 읽으면 재미있고 새로운 지식을 많이 배울 수 있기 때문이에요. 서로 어떤 책을 읽었는지 이야기하고, 좋은 책을 추천해 줄 수도 있어요.

29-1
1 ④
2 ①
3 문단별 내용 정리
  1문단 : 국내 리튬 매장지 발견 소식
  2문단 : 울진과 단양의 리튬 발견
  3문단 : 전기차 배터리 수출과 리튬 수입
  4문단 : 리튬 발견의 의의와 개발 어려움
4 예시) 금강송은 최고급 목재 중 하나예요. 그래서 조선시대부터 궁궐이나 관청 등을 짓기 위해서 나라에서 관리를 했어요. 지금도 나무로 된 문화재를 수리할 때 금강송을 쓰는데, 금강송이 자라려면 시간이 걸리기 때문에 잘 관리를 해야 해요.

29-2
1 광고지 / 원산지 표시판
2 예시) 첫째, 바나나나 초콜릿 같은 우리나라에서 나지 않는 과일이나 음식도 다른 나라에서 수입해 와서 먹을 수 있어요. 둘째, 다른 나라에서 더 싸게 만들 수 있는 물건을 수입하면, 우리가 더 저렴하게 살 수 있어요. 이렇게 하면 돈을 아낄 수 있어요. 셋째, 서로 물건을 사고팔면서 좋은 관계를 유지할 수 있어요. 이렇게 하면 전 세계 사람들이 서로 도우며 살 수 있어요.

29-3
1 ④
2 ④
3 삶의 질
4 교류
5 예시) 지역 경제가 발전하면 첫째, 일자리가 많이 생겨서 사람들이 더 많은 돈을 벌 수 있어요. 둘째, 사람들이 번 돈으로 더 좋은 집이나 물건을 살 수 있어서 생활 수준이 올라가요. 셋째, 지역 경제가 발전하면 학교나 병원 같은 시설도 더 좋아져서 사람들이 편리하게 살 수 있어요.
6 예시) 교류는 서로 다른 지역 간에 이해와 협력을 높여 주기 때문에 중요해요. 첫째, 교류를 통해 다른 지역의 좋은 아이디어나 자원을 공유할 수 있어서 서로 발전할 수 있어요. 둘째, 문화적 교류를 통해 다양한 문화를 경험하고 이해할 수 있어서 서로 존중하게 돼요.

30-1
1 5주
2 6가지 분야 (교통안전, 유해환경, 식품 안전, 불법 광고물, 제품 안전, 어린이 놀이 시설)
3 문단별 내용 정리
  1문단 : 전국 초등학교 주변을 점검한 정부
  2문단 : 점검 결과 교통안전 부분 위반 발견
  3문단 : 학교 근처 유해환경 부문 위반 발견
  4문단 : 식재료 공급 업체와 분식점 등 식품 안전 부문 위반 발견
  5문단 : 안전하고 건강한 학교를 위해 지켜야 할 법
4 예시) 정부는 이번 점검을 통해 어린이들이 안전하고 건강하게 학교에 다닐 수 있는 환경을 만들려고 했어요. 이런 점검은 어린이들의 안전을 지키고, 법을 지키지 않는 사람들에게 조심하도록 만들어서 중요해요.
5 예시) 법을 지키지 않으면 많은 사람들이 위험해질 수 있어요. 교통 법규를 지키지 않으면 교통사고가 발생할 수 있고, 나쁜 영향을 주는 환경에서 생활하면 건강에 해로울 수 있어요. 법을 지켜야 안전하고 건강하게 생활할 수 있어요.

30-2
1 권리 / 재판, 피해, 제한
2 법
3 ①
4 예시) 저는 법을 잘 지키려고 노력해요. 법을 지키면 모두가 안전하게 지낼 수 있어요. 또 법을 지키면 다른 사람들에게 피해를 주지 않고, 벌을 받지도 않아요.
5 예시) 사람들이 교통 법규를 지키지 않으면 빨간불에도 차가 멈추지 않고, 신호를 무시하고 달릴 거예요. 이렇게 되면 교통사고가 많이 나서 사람들이 다치거나 죽을 수도 있어요. 사람들이 쓰레기를 아무 데나 버리면, 길거리나 공원, 강가에 쓰레기가 가득하게 될 거예요. 이렇게 되면 환경이 더러워지고, 냄새도 나고, 동물들이나 사람들이 다치거나 죽을 수도 있어요.

30-3
1 ③
2 ④
3 예시) 좋은 노동 조건은 사람들이 일을 할 때 안전하고

행복하게 일할 수 있는 환경을 말해요. 너무 오랜 시간 일하지 않고, 충분한 휴식을 가질 수 있어야 해요. 또, 일한 만큼 정당한 돈을 받는 것도 중요해요.
4 예시) 나는 조용하고 평화로운 집회를 할 것 같아요. 불을 붙이거나 유리를 깨뜨리는 행동은 너무 과격한 것 같아요. 내가 원하는 게 있으면 그 사람들과 직접 이야기해서 해결할 거예요. 그래야 다른 사람들도 내 말을 들어줄 것 같아요. 너무 무섭게 하는 건 좋은 방법 같지 않아요.

31-1
1 지역 경제 / 인프라 / 일자리 / 삶의 질
2 지역 균형 발전
3 문단별 내용 정리
1문단 : 전국 여러 지역들이 새로운 공공기관 유치를 위해 경쟁함
2문단 : 자신의 지역이 공공기관 유치에 적합하다고 주장하는 지자체들
3문단 : 공공기관 이전 발표까지 지자체들의 홍보 유지
4문단 : 공공기관 이전의 의의
4 예시) 먼저, 공공기관이 우리 지역에 오면 많은 좋은 일자리가 생길 거라고 알려 줄 거예요. 일자리가 많아지면 사람들이 우리 지역으로 이사 오고, 더 많은 사람들이 행복하게 살 수 있어요. 둘째, 공공기관이 우리 지역에 오면 편리한 교통과 좋은 시설을 제공할 거예요. 공공기관 근처에 지하철역이나 버스 정류장을 만들고, 공원이나 체육관 같은 시설도 만들 거예요. 셋째, 공공기관이 우리 지역에 오면 세금 혜택을 줄 거예요.

31-2
1 ③
2 ④
3 보건소, 소방서 / 경찰서, 구청
4 예시) 공공기관들은 주민들의 안전과 편의를 위해 서로 협력해요. 보건소와 소방서는 긴급 의료 상황에서 협력하여 환자를 신속하게 치료하고, 경찰서와 구청도 주민 안전과 관련된 문제를 공동으로 해결하기 위해 협력해요. 이런 협력을 통해 지역 사회의 문제를 효과적으로 해결하고, 주민들이 안전하고 편리한 생활을 할 수 있도록 도와요.
5 예시) 학생들에게 불이 났을 때 어떻게 해야 하는지, 불을 어떻게 예방할 수 있는지, 그리고 응급 상황에서 어떻게 행동해야 하는지를 가르쳐 주는 프로그램을 만들 수 있어요. 이 프로그램이 지역 주민들에게 주는 도움은 첫째, 학생들이 안전한 방법을 배우면, 집에서도 가족들에게 알려 줄 수 있어요. 둘째, 불이 났을 때 당황하지 않고 침착하게 대처할 수 있게 돼요.

31-3
1 충북
2 강원도
3 ①
4 격차 / 발전
5 예시) 새로운 공단이 생기면 그곳에서 일할 사람들이 필요해서 많은 일자리가 생겨요. 일할 곳이 많아지면, 사람들은 그곳으로 이사 와요. 사람들이 많이 모이면 그 지역은 점점 더 커지고 발전해요. 새로운 가게도 생기고, 학교와 병원도 늘어나요. 또 공단이 생긴 지역은 회사들이 많이 모여요. 서로 도우면서 더 좋은 기술을 만들고, 더 좋은 제품을 만들 수 있어요. 다양한 사람들이 모이면 더 재미있고 풍부한 문화를 즐길 수 있어요.
6 예시) 나는 '물고기 키우기' 프로그램을 듣고 싶어요. 그 이유는 물고기가 어떻게 자라는지 궁금하고, 내가 직접 물고기를 키워 보고 싶기 때문이에요. 또 물고기를 잘 키우면 맛있는 생선도 먹을 수 있고, 물고기들이 건강하게 자라는 방법을 배우면 나중에 어른이 되었을 때도 도움이 될 것 같아요.

32-1
1 봉축이라는 두루마리 문서의 색인
2 정사년 현재 남아 있는 식량
3 물을 모으는 큰 구조물로, 백제 사람들이 물을 어떻게 관리했는지 알 수 있음
4 백제의 군사적 역량과 방어 체계, 그리고 당시의 기술 수준을 알 수 있음
5 문단별 내용 정리
1문단 : 전북 익산 토성에서 백제 시대의 중요한 유물이 발견됨
2문단 : 백제의 행정과 경제 상황을 이해하는 데 중요한 단서 제공
3문단 : 집수 시설은 백제 농업 생산력과 도시 계획 이해에 중요한 자료임
4문단 : 옻칠 갑옷을 통해 알 수 있는 백제의 군사적 수준
5문단 : 백제 문화유산의 풍부함과 다채로움 확인
6 예시) 백제 시대에 익산이 중요한 도시였다는 것을 알 수 있는 이유는 봉축 문서에 '정사년 현재 남아 있는 식량'이라는 글자가 적혀 있는 거예요. 백제 시대에 제일 중요한 곡식을 익산에 두었기 때문이에요.

32-2
1 ②
2 ①
3 ②
4 ③
5 예시) 삼국의 문화유산을 통해 그 시대 사람들의 생활과 생각을 이해할 수 있어요. 고구려의 벽화를 보면 사람들이 무슨 옷을 입고 어떤 놀이를 즐겼는지 알 수 있고 신

라의 불국사나 석굴암 같은 건축물을 보면 그때 사람들이 불교를 중요하게 생각했다는 걸 알 수 있어요. 백제의 금동대향로를 보면 그 시대 사람들이 금속으로 만든 물건을 얼마나 잘 만들었는지도 알 수 있어요.

32-3
1. ②
2. ①
3. ①
4. 예시) 정림사지 5층석탑은 백제의 뛰어난 석탑 건축 기술을 보여 줘요. 이러한 유적지를 보존하는 것은 우리의 역사와 문화를 후손에게 전달하는 중요한 역할을 해요.
5. 예시) 경주에 갔어요. 석굴암을 보았는데, 석굴음은 신라 시대의 것이에요. 돌을 참 멋지게 깎았다는 생각이 들었고, 신라는 불교를 정말 중요하게 생각했구나 하는 것을 알 수 있었어요.

33-1
1. 녹지, 법
2. ③
3. 문단별 내용 정리
   1문단 : 그린벨트의 의미
   2문단 : 정부의 그린벨트 해제 발표 및 활용 계획
   3문단 : 환경 단체의 반발
   4문단 : 정부의 그린벨트 문제 해결 방법
   5문단 : 그린벨트 개발에 대한 올바른 기준 필요
4. 예시) 보호, 그린벨트는 자연을 지키고 공기를 맑게 해 주는 중요한 곳이기 때문이에요. 그린벨트가 있으면 사람들이 깨끗한 공기를 마실 수 있고, 동물들도 안전하게 살 수 있어요. 그래서 우리는 그린벨트를 잘 보호하고, 함부로 개발하지 않도록 노력해야 해요.

33-2
1. 공기 / 사람
2. 엄마, 아빠 / 공
3. 생각 / 이해
4. 예시) "보나야, 공원에서 안 좋은 기억이 있어서 공원을 싫어하는구나. 그럴 수 있어. 나도 처음에는 공원이 너무 넓고 무서웠어. 하지만 엄마랑 아빠랑 같이 놀면서 공원이 좋아졌어. 우리 같이 재미있게 놀아 볼래? 그리고 다음에는 네가 좋아하는 장소에도 같이 가자. 그러면 우리 둘 다 즐거울 수 있을 거야."
5. 예시) 저는 학교 운동장이 넓고 뛰어놀기 좋아서 신났어요. 하지만 제 친구는 운동장이 너무 더워서 힘들다고 했어요. 저는 운동장에서 축구를 하며 즐겁게 지냈어요. 친구는 그늘에서 쉬고 싶어 했어요. 그래서 친구와 저는 운동장에서 조금 놀다가 함께 그늘에 가서 쉬기로 했어요. 이렇게 서로의 생각을 존중해요.

33-3
1. ①-ⓒ / ②-㉠ / ③-㉣ / ④-ⓒ / ⑤-㉤
2. 예시) 우리 동네의 오래된 나무 / 그 나무를 보니 정말 신기하고 멋졌어요. 이렇게 오래된 나무가 아직도 살아 있다는 것이 놀라웠고, 우리가 이 나무를 잘 보호해야겠다는 생각이 들었어요. / 사람들이 나무 주변을 깨끗하게 유지하고, 나무에 상처를 내지 않도록 조심해야 해요. 또한, 나무를 보호하는 울타리를 설치해서 사람들이 함부로 접근하지 못하게 하면 좋아요.
3. 예시 ①) 나라에서 특별히 보호하고 관리해요. 그래서 사람들이 함부로 훼손하거나 파괴하지 못하게 법으로 막을 수 있어요. 이렇게 하면 중요한 자연이나 동물들을 오랫동안 안전하게 지킬 수 있어요. / 예시 ②) 천연기념물이 아니어도 우리가 스스로 보호할 수 있어요. 교육을 통해 많은 사람들이 자연의 중요성을 알게 되면, 모두가 함께 자연을 지킬 수 있어요.

34-1
1. 붕어빵을 일상적으로 이용할 수 있는 범위에 사는 것
2. 노점 / 정보 / 지도
3. 문단별 내용 정리
   1문단 : 점점 줄어들고 있는 붕어빵 노점
   2문단 : 붕세권을 알려 주는 앱 등장
   3문단 : 붕어빵 찾는 앱의 운영 방식
   4문단 : 붕어빵 찾는 앱에 대한 반응
   5문단 : 붕어빵에 대한 전망
4. 붕어빵 가게가 점점 줄어든 이유는 첫째, 붕어빵을 만들 때 필요한 재료비가 많이 올라서 가게를 운영하기 힘들어져서에요. 둘째, 반죽이 쉽게 상해서 겨울철에만 팔 수 있기 때문이에요. 붕어빵을 찾는 앱이 나오게 된 이유는 사람들이 여전히 붕어빵을 좋아해서 어디서 팔고 있는지 알고 싶어 하기 때문이에요.

34-2
1. 위치 / 방향 / 그림
2. 방위표
3. 예시) 저는 최근에 지하철 노선도를 본 적이 있어요. 그 지도를 통해 우리 지역 지하철의 모든 노선과 역들을 알 수 있었어요. 지하철 노선도는 각 지하철 노선이 어떤 색으로 표시되는지, 어떤 역에서 다른 노선으로 갈아탈 수 있는지를 알려 줘요. 또, 내가 가야 할 목적지까지 몇 정거장을 지나야 하는지도 알 수 있어서 편리해요.

34-3
1. ③
2. ③

3 예시) 여행 전: 지도 앱에서 여행지를 검색하고, 주변 관광 명소, 음식점 찾기, 어디에서 어디로 갈 건지 제일 좋은 길을 찾고 이동 시간, 교통 상황 확인하기, 방문하고 싶은 장소 즐겨찾기 추가하기 / 여행 중: 실시간 내비게이션 활용해서 길 찾기, 갑자기 필요한 음식점이나 화장실 등 찾기, 목적지 주변의 실제 모습 찾아보기 / 여행 후: 방문한 장소를 지도에 표시하고, 사진과 함께 여행일기 작성하기, 다녀온 장소에 대해 리뷰를 작성해서 다른 사람들에게 정보 주기, 여행 경로와 경험을 친구나 가족과 공유하여 즐거운 추억 나누기

35-1
1 백상예술대상 영화 부문 남자 최우수연기상
2 ②
3 문단별 내용 정리
  1문단 : 백상예술대상에서 남자 최우수연기상을 받은 황정민
  2문단 : 서울의 봄 영화 내용과 황정민의 연기
  3문단 : 비슷한 시대적 배경을 다룬 다양한 영화 소개
  4문단 : 영화의 역할과 영화에 대한 기대
4 예시) 저는 〈명량〉이라는 영화를 본 적이 있어요. 이 영화는 임진왜란 때 이순신 장군이 명량 해전에서 일본 군대를 물리친 이야기를 담고 있어요. 이 영화를 보고 난 후, 우리나라를 위해 용감하게 싸운 이순신 장군과 군사들이 자랑스럽고 감사한 마음이 들었어요.

35-2
1 박정희 / 군인 / 광주 / 민주주의
2 예시) 만약 제가 5·18 민주화 운동에 참여한 사람이라면, 저는 용기와 정의로운 마음으로 시위에 참여했을 거예요. 왜냐하면 사람들이 자유롭게 말하고, 공평하게 대우받는 세상을 만들고 싶었기 때문이에요. 또 친구들과 가족이 안전하고 행복하게 살 수 있는 나라를 원해요.

35-3
1 프랑스
2 자유, 투표, 법, 권리와 의무
3 ①
4 ④
5 예시) 민주주의가 있으면 모두가 공평하게 대우받고, 자신의 생각을 표현할 수 있어요. 민주주의를 지키기 위해 우리는 서로의 의견을 존중하고, 투표에 참여해야 해요.

사진 출처

1-1 잭 웰치
ⓒHamilton83 by Creative Commons CC BY

1-1 GE
ⓒLeonard J. DeFrancisci by Creative Commons CC BY

1-3 최초헌법
ⓒ한국학중앙연구원 by 공공누리

2-1 패스트 패션
ⓒStefan Muller by Creative Commons CC BY

2-3 그레이트 배리어 리프 백화
ⓒOregon State University

4-1 케이팝
ⓒTeemeah by Creative Commons CC BY

5-3 앉은뱅이밀
ⓒAjumeoni by Creative Commons CC BY

6-1 대만지진
ⓒTaiwan Presidential Office by Creative Commons CC BY

6-1 불의고리
ⓒESA/A.Gerst, CC BY-SA 3.0 IGO

9-3 다랑논
ⓒ국가유산청

14-1 경복궁 담
ⓒbryan by Creative Commons CC BY

15-1 러우전쟁
by Kyivcity.gov.ua, CC-BY-4.0

19-1 한강공원
by Korea.net/한국문화정보원(전한)

22-1 이육사
ⓒ한국학중앙연구원 by 공공누리

25-1 전기차 충전
ⓒIvan Radic by Creative Commons CC BY

28-1 강강술래
ⓒ코리아넷/해외홍보문화원(전한)

29-1 리튬 샘플
Dnn87 by Creative Commons CC BY

32-1 익산토성
ⓒ국가유산청 by 공공누리

32-3 광개토대왕비 탑본
ⓒ국립중앙박물관 by 공공누리

32-3 석굴암
ⓒ국가유산청(故 한석홍 기증)

33-3 창원 북부리 팽나무
ⓒ국가유산청

35-2 5.18민주화운동 사적지 표지석
by 대한민국역사박물관

뉴톡 시리즈 2

교과서가 쉬워지는 초등 논술 신문

1판 1쇄 인쇄 2024년 9월 30일
1판 1쇄 발행 2024년 10월 10일

지은이 배혜림
펴낸이 고병욱

기획편집2실장 김순란 **기획편집** 권민성 조상희 김지수
마케팅 이일권 함석영 황혜리 복다은 **디자인** 공희 백은주
제작 김기창 **관리** 주동은 **총무** 노재경 송민진 서대원

펴낸곳 청림출판(주)
등록 제2023-000081호

본사 04799 서울시 성동구 아차산로17길 49 1010호 청림출판(주)
제2사옥 10881 경기도 파주시 회동길 173 청림아트스페이스
전화 02-546-4341 **팩스** 02-546-8053

홈페이지 www.chungrim.com **이메일** life@chungrim.com
인스타그램 @ch_daily_mom **블로그** blog.naver.com/chungrimlife
페이스북 www.facebook.com/chungrimlife

ⓒ 배혜림, 2024

ISBN 979-11-93842-19-5 (74700)
　　　979-11-93842-17-1 (세트)

※ 이 책은 저작권법에 따라 보호를 받는 저작물이므로 무단 전재와 무단 복제를 금합니다.
※ 책값은 뒤표지에 있습니다. 잘못된 책은 구입하신 서점에서 바꾸어 드립니다.
※ 청림Life는 청림출판(주)의 논픽션·실용도서 전문 브랜드입니다.